세상에 없는 당구

다시, 당구의 시대
당구, 마케팅의 날개를 달다

박재민 지음

박영사

추천사

지난 20여 년간 함께 했던 당구가 프로당구 개막과 함께 새롭게 태어났다. 프로당구에 합류하면서 피부로 체감한 당구의 변화가 이 책 한 권에 고스란히 담겨 있다. 익숙함으로부터 새로움을 발견하고자 하는 모든 사람에게 필독서로 추천한다.

스페인 다니엘 산체스 프로

프로 데뷔 첫 우승 인터뷰를 통해 "내 남은 커리어를 미래 당구 세대를 위해, 좋은 유산을 남기기 위해 이곳 프로당구에 왔다."라고 말했다. 평소 프로당구 활동을 유심히 지켜봤는데 실제 와서 경기를 뛰어보니 프로당구가 여러 면에서 이전에 보지 못한 혁신을 추구하고 있다는 사실에 매우 놀랐다. 특히, 당구는 원래 남성 스포츠였는데 팀리그를 통해 남자 선수뿐만 아니라 여자 선수, 그리고 젊은 선수가 한데 어울려 플레이하는 모습이 인상적이었다. 이는 미래 당구 세대를 위해 매우 혁신적이며 바람직한 일이라 생각한다. 내 선택은 옳았다. 지금 혁신에 관한 책을 찾는 당신의 선택 역시 그러하길 기대한다.

튀르키예 세미 세이기너 프로

베트남 선수로 코리안 드림을 꿈꾸며 프로무대에 진출했는데 좋은 성과를 내서 매우 기쁩니다. 베트남 역시 당구 인기가 한국 못지않게 높은 나라인데 하루빨리 프로당구가 베트남에서도 개최하길 기대합니다. 이 책은 프로당구가 짧은 기간 동안 전 세계 당구 팬을 사로잡은 비밀이 담겨 있습니다. 베트남에서도 프로당구 인기가 나날이 올라가고 있는 만큼 조만간 베트남어로도 번역되어 더 많은 사람이 프로당구에 대해 알기를

세상에 없는 당구

희망합니다.

베트남 마민캄 프로

프로당구에는 저와 같은 일본 선수뿐만 아니라 미국, 스페인, 벨기에, 베트남, 캄보디아, 튀르키예 등 여러 국적을 가진 선수가 함께 뛰고 있습니다. 모두 각국을 대표한다는 사명감으로 선의의 경쟁을 펼치고 있습니다. 그중 팀리그는 모두가 뒤섞여 함께 어울릴 수 있다는 측면에서 매우 인상적입니다. 개인 스포츠인 당구를 팀 스포츠 반열에 올리기 위해 현장에서 진두지휘하며 선수들을 독려한 저자의 노력에 진심으로 감사의 말을 전합니다. 이 책을 통해 당구가 더 친근하게 다가가길 기대해 봅니다.

일본 히다 오리에 프로

프로당구 초창기 멤버로 합류한 지 벌써 5년이라는 세월이 흘렀습니다. 한해 한해 프로당구 위상이 크게 높아지고 있음을 피부로 느끼고 있어 기분이 좋습니다. 프로당구 출범과 함께 당구가 급성장하는 계기가 만들어졌고 당구 치기를 잘했다는 생각을 자주 합니다. 이런 좋은 대회와 기회를 만들어 준 PBA와 스폰서 모두에게 진심으로 감사합니다. 그리고 언제나 무대 뒤에서 뛰어다니며 우리를 다방면으로 빛내주기 위해 노력한 저자에게도 깊은 감사의 인사말을 전합니다. 이 책은 프로당구를 기획한 저자의 고단한 여정이 고스란히 담겨 있습니다. 흥미진진한 이야기로 가득하기 때문에 마음에 드시리라 생각합니다.

대한민국 강동궁 프로

프로당구는 이전 당구대회와 전혀 다른 분위기 속에서 열립니다. 흥겨운 대회장 분위기부터 시작해 팬들의 함성도 여느 프로스포츠 못지않습니다. 이 책에는 당구를 프로스포츠답게 만들기 위한 결단과 도전정신을 담고 있습니다. 심장이 뛰는 새로운 돌파구를 찾으려는 모든 사람에게 이 책이 좋은 귀감이 되길 기대합니다.

대한민국 조재호 프로

대한민국을 대표하는 나아가 전 세계를 대표하는 글로벌 당구 단체가 우리나라에 생겨 자랑스럽습니다. 프로당구에 세계적인 선수가 즐비한 만큼 해외에서도 프로당구 대회가 많이 열려 전 세계 속 프로당구 위상이 더 높아졌으면 합니다. 그런데 세계 최고의 선수가 프로당구에 속속 모이는 이유는 무엇일까요? 이 책에 그 비밀이 담겨 있습니다.

대한민국 최성원 프로

프로 선수로서 성적이 좋을 때나 안 좋을 때나 열심히 할 테니 지켜봐 달라는 말을 늘 달고 살았습니다. 그 만큼 당구에 진심이었고 절실했습니다. 프로당구에 합류하며 선수뿐만 아니라 프로당구 구성원 모두가 밤 늦게까지 일하는 모습을 지켜봤습니다. 그들(스포츠 마케터) 역시 선수만큼 프로당구를 만드는 일에 열과 성의를 다했다고 느꼈습니다. 또 다른 의미에서 프로라고 할까요? 이 책은 프로당구에 관한 책이기도 하지만 마케팅 분야에서 프로가 어떻게 일하는지 보여주는 책입니다. 각자 분야에서 프로처럼 일하고 싶은 분에게 추천합니다.

대한민국 김가영 프로

프로에 오기 전까지 당구가 직업이라는 사실이 부담스러웠습니다. 제가 좋아해서 당구를 시작했기 보다 부모님의 선택으로 당구를 시작했기 때문에 그런 감정이 들수도 있을 것 같습니다. 어린 나이에 아저씨들만 있는 당구장을 가다보니 딱히 설레거나 좋았던 기억이 없었습니다. 내가 당구를 계속 칠지 선택할 수 있는 나이가 되어서도 이런 고민은 계속되었습니다. 그런데 프로에 와서 마음가짐이 바뀌었습니다. 멋진 경기장에서 흘러나오는 흥겨운 음악과 팬들의 응원이 큰 힘이 되었습니다. 특히, 탑 클래스의 국내외 선수들과 함께하는 팀리그가 가장 신났습니다. 이 책에는 당구가 새롭게 변신하는 과정이 담겨 있는데 책도 재미있게 보시고 경기장도 꼭 한번 찾아주시길 기대합니다.

대한민국 이미래 프로

세상에 없는 당구

프로에 와서 결혼도 하고 쌍둥이 아빠가 됐습니다. 당구 선수 김재근으로서 하늘이 주는 두 아이 아빠로서 나를 응원해 주는 가족을 위해 매 경기 집중하고 있습니다. 경기를 뛸 수 있는 멋진 환경을 만들어 주신 여러 관계자 여러분께 깊은 감사 인사를 드립니다. 이 책에는 당구를 멋지게 만들고자 노력한 저자의 도전기가 담겨 있습니다. 당구가 지루하다고요? 이 책을 읽고 나면 그러한 생각이 싹 사라질 것이라고 확신합니다.

대한민국 김재근 프로

당구계에 입문한 지 어언 40년이 되었다. 그동안 우리 당구인들은 많은 일들을 해왔지만 프로당구 출범은 세 번이나 실패했다. 모두가 낙담하고 있을 때 대한민국 최고의 스포츠 마케터들이 당구판에 뛰어들었다. 특히 저자는 특유의 통찰력으로 당구의 잠재가치를 알아보고 기존의 당구와는 차별화된 방식으로 PBA를 만들어갔다. 승부를 예측할 수 없는 짜릿한 경기방식과 볼거리를 가미한 PBA는 성공가도를 달리고 있다. 저자는 PBA 마케팅의 중심에 서 있다. 당구인이 아닌 작가가 저술한 당구 관련 책은 '세상에 없는 당구'가 유일하다.

프로당구협회(PBA) 방기송 총재 특보

저자는 경기장에 도착하면 가장 먼저 볼 수 있는 인물이자 경기장을 떠나면서 마지막까지 볼 수 있는 인물이기도 하다. 저자가 프로당구에 들인 시간만큼 그가 프로당구를 실질적으로 이끈 이물 중 한 명이라는 사실에 이견이 없을 것이다. 내가 지난 세월 선수들이 최고의 기량을 발휘하도록 노력하는 일을 맡아 왔다면 저자는 선수들이 무대에서 가장 빛날 수 있도록 노력하는 역할을 도맡았다. 덕분에 선수들은 마치 자신이 팝스타가 된 것 같은 분위기 속에서 경기를 치를 수 있었다. 때로는 경기장, 때로는 콘서트장처럼 시시각각 변하는 프로당구의 변화무쌍한 세계가 궁금하다면 이 책을 챙겨보라!

프로당구협회(PBA) 경기위원장 임정완

당구인의 한 사람으로서 지난 3년간 경험한 PBA 투어는 "1,000만 당구인과 함께 호흡하고자 하는 스포츠"였다. 그리고 짧은 기간 캐롬 종목이 빠르게 성장하기까지 그 현장에는 늘 박재민 수석국장이 있었다. 이 책은 당구라는 원석에서 새로운 가능성을 발견하고 빛나는 보석으로 탈바꿈시키는 "세상에 없는 당구"가 탄생하는 과정을 리얼하고 흥미롭게 소개하고 있다. PBA 투어에 관심과 열정을 가진 모든 분들에게 이 책을 추천드리며, 앞으로 박재민 수석국장이 PBA 투어를 통해 전세계에 "K-프로당구문화"를 알리는 성공신화를 만들어가길 응원하고 함께 지켜봐 주시길 바란다.

프로당구협회(PBA) 심판위원장 현지원

당구를 전혀 모르지만 호기심에 가득차 이것저것 질문하는 저자의 눈빛이 인상적이었다. 당연하다고 느끼는 모든 고정관념을 깨는데 저자만큼 재능 넘치는 이를 보지 못했다. 당구인은 아니지만 당구인이 자랑할 만한 보물을 발견한 느낌이랄까? 오늘의 당구가 어떻게 변했는지 알고 싶다면 감히 이 책을 추천한다.

프로당구협회(PBA) 전 경기위원장·현 시니어건강당구협회 회장 남도열

대한민국 당구 흥망성쇠를 겪은 나로서 프로당구 출범은 당구계 부활 알리는 신호탄과 같았다. 프로당구 창단 과정부터 나와 함께한 저자는 동면에 든 당구계를 깨운 당구계의 봄과 같은 존재다. 이 책에는 당구의 봄을 이끌기 위해 다방면으로 노력한 고민의 흔적이 여기저기 묻어 있다.

프로당구선수협회 회장 황득희(2002 아시안 게임 금메달 리스트)

'과거의 벽을 부수고 미래의 문을 열다'

"그게, 될까요?"

프로당구 합류를 제안한 내게 저자 박재민이 처음 한 말이었습니다. 저자는 세상을 색다른 시각으로 비틀어 보는 재주가 있는 친구입니다. 그간 그가 가진 통찰력을 바탕으로 수많은 제안서 작업을 꽤 즐거운 마음으로 임했습니다. 수많은 제안만큼이나 수많은 거절을 경험하면서 그 안에서 희망의 씨앗을 함께 키웠습니다. 프로당구라는 희망의 씨앗은 수많은 고난과 역경의 세월을 이겨낸 소중한 결과물로 미래 당구를 위한 소중한 자산으로 남을 것입니다. 이 책은 프로당구라는 희망의 씨앗이 세상에 퍼지고 꽃 피우는 과정을 담았습니다. 믿음직한 부하직원에서 든든한 동지로 성장한 저자가 프로당구를 위해 헌신한 과정을 지켜보며 그가 미래 스포츠계를 이끌어갈 소중한 인재임을 다시 한번 믿어 의심치 않습니다. 더 많은 도전과 실패 그리고 성공이 저자와 프로당구 앞날에 함께 하길 기대합니다.

'세상에 없는 당구'는 과거에 머물던 당구가 비로소 새로운 대지에 발을 디딘 도전과 개척의 순간을 섬세하게 담아내고 있습니다. 그 힘들고 불확실한 여정에서 자라난 이 책은 당구의 과거, 현재, 미래를 풍부한 에너지와 열정으로 풀어냅니다. 저자는 당구가 어떻게 마케팅의 날개를 달고 성장하는지에 대해서 통찰력 있는 분석과 함께, 현장에서 벌어지는 당구의 혁신적인 모습을 전합니다.

'앞서 나가는 자만이 길을 개척할 수 있다'라는 말처럼, 프로당구는 전례 없는 도전을 통해 새로운 길을 만들어나가고 있습니다. "세상에 없는 당구"는 프로당구의 탄생과 성장, 그 안에서 벌어진 혁신적인 순간들을 다룬 독특하고 흥미진진한 이야기를 통해 하나의 스포츠가 어떻게 전통의 틀을 넘어 새로운 문화 콘텐츠로 거듭날 수 있는지 보여주며, 독자에게 과감한 도전과 열린 마음으로 새로운 가능성을 탐험하라는 메시지를 전합니다.

1쿠션에서는 새로운 스포츠의 시대를 여는 PBA의 역사를 다양한 각도에서 살펴봄으로써, 이 스포츠의 다양성과 매력을 전합니다. '프로당구'라는 도전적인 아이디어가 어떻게 현실로 나아갔는지, 그리고 당구가 어떻게 마케팅의 날개를 달고 도약할 수 있었는지를 담아내 독자들에게 깊은 영감을 전할 것입니다.

2쿠션에서는 기존의 시각을 뒤집어 당구가 스포츠일지 레저일지에 대한 의문을 풀어내며, 프로당구와 아마당구의 차이, 그리고 팀 스포츠로서의 당구의 등장에 주목합니다. "세상에 없는 당구"는 이러한 독특한 시각을 통해 우리에게 당구의 새로운 모습을 보여줍니다.

마지막 3쿠션에서는 프로당구 선수의 삶과 연봉, 치어리더의 등장, 그리고 스포테인먼트의 중요성에 관한 이야기로 마무리됩니다. 이 책을 통해 우리는 당구의 세계가 어떻게 변화하고 있는지 엿보고, 그 안에서 새로운 문화가 탄생하는 과정을 몰입적으로 체험할 수 있습니다.

"세상에 없는 당구"는 PGA와의 비교를 통해 PBA의 매력과 가능성을 새롭게 조명하며, 독자들에게 스포츠의 경계를 넘어 새로운 세계를 보는 혜안을 열어줄 것입니다. '고난 속에서 빛나는 별이 된다.'는 푸블리우스 시루스(Publilius Syrus)의 말처럼, 과거의 벽을 허물며 도전과 혁신을 통해 빛나는 우주로 발돋움해 나가고 있는 프로당구의 짧지만 역동적인 역사를 담아낸 이 책이 당구를 사랑하는 이들뿐만 아니라 과거와 현재로부터의 변화와 혁신, 도약을 위한 새로운 돌파구를 모색하는 이들과 기업들에게 작지만 의미 있는 인사이트가 되어주길 바라봅니다.

프로당구협회(PBA) 부총재 장상진

'대한민국 스포츠의 미래, 프로당구에 있다'

이 책을 소개하기에 앞서 지난 시간 프로당구가 걸어온 길을 되돌아보니 감회가 남달랐습니다. 책을 보는 내내 당구라는 콘텐츠로 재미와 감동을 선사하기 위해 다방면으로 노력하는 프로당구 구성원이 새삼 자랑스러웠습니다. 현장 일선에서 고생한 모든 프로당구 구성원 여러분께 이 자리를 빌려 고생하셨다는 말을 전하고 싶습니다. 무엇보다 프로당구가 이뤄낸 지난 성과를 이렇게 책으로 정리한 저자에게 더 큰 감사와 축하의 박수를 보냅니다. 프로당구가 영광의 시대를 맞이할 수 있도록 노력해 주셔서 진심으로 감사합니다.

역사학자 아놀드 토인비는 인류문명이 발달하는 과정을 도전과 응전 (Challenge & Response)로 설명했습니다. 한 사회 문명이 커다란 발전을 이루기 위해서는 극복해야 할 과제(도전)가 있고 그것을 극복하는 과정(응전)을 반드시 거쳐야 한다는 내용입니다. 프로당구 출범 이후 지난 5년은 도전과 응전(Challenge & Response)의 시간이라고도 볼 수 있습니다. 이 책에는 '최초'라서 겪어야 했던 도전과 응전의 과정이 고스란히 담겨 있습니다. 오늘날 프로당구가 이뤄낸 작은 성과는 어렵지만 해결해야 할 과제를 피하지 않고 정면으로 헤쳐온 결과물입니다. 어려운 순간으로부터 도망가고 싶은 마음을 억누르고 '나는 할 수 있다'라는 용기를 얻고 싶다면 이 책 한 권만으로도 충분한 자극을 느낄 수 있을 것이라 믿습니다.

현재, 우리 프로당구는 산업화, 디지털화, 글로벌화라는 새로운 도전 과제에 직면해 있습니다. 새로운 도전과제는 언제나 일정 수준의 불확실성과 두려움을 동반하고 있습니다. 하지만 지금까지 잘 헤쳐왔듯이 위에서 언급한 3가지 당면과제는 어렵겠지만 충분히 극복하고 점령할 수 있습니다. 전 세계에 프로당구 깃발을 꽂게 될 고지가 바로 저기 눈앞에 다가왔습니다. 프로당구의 미래는 곧 대한민국 스포츠의 미래가 될 것임을 확신합니다. K스포츠와 스포츠 한류의 대업을 만들고 있는 '세상에 없는 당구' 프로당구의 도전기를 따라가며 작은 아이디어로 세상을 선도하고

자 노력하는 모든 분이 이 책을 통해 저마다의 인사이트를 발견하길 기
대합니다.

피델리티매니지먼트 그룹(FMG) 대표 이희진

더 이상 새로운 것이 없어 고민하는 모든 이들에게

이미래 선수가 프로당구 대상 시상식에서 베스트 드레서 상을 받았다

깜짝이야~ 내가 알던 당구 선수 맞아? 지난 2023년 3월 프로당구 출범 4년 만에 프로당구 대상 시상식이 열렸다. 지난 4년간 코로나19라는 전대미문의 위기를 함께 극복한 선수 모두가 이날만큼은 멋진 드레스와 턱시도를 차려입고 축제 분위기를 한껏 즐겼다. 이미래, 김가영, 김진아를 비롯한 선수 모두가 마치 유명 연예인처럼 느껴졌다.

프로당구 출범 이후 가장 눈에 띄는 변화를 하나 꼽자면 경기 복장이다. '프로'라는 새 옷으로 단장한 프로당구는 그간 당구계 상징과도 같은 턱시도와 나비넥타이를 과감히 벗어던짐으로써 선수들이 경기장에서 다양한 복장으로 자신의 개성을 마음껏 뽐낼 수 있도록 장려했다. 말끔하게 정복을 차려입고 경기에 임하는 당구 선수 모습이 멋있어서 당구를 시작했다는 일부 선수들의 반발도 있었지만, 지금은 치마와 반바지 심지어 레깅스를 입고 경기장에 나타나도 대수로이 여기지 않는 분위기가 형성됐다.

그런데 프로당구 대상 시상식장에서 드레스와 턱시도로 한껏 차려입은 선수들의 모습을 다시 보게 되다니 반갑기도 하고 한편으로는 낯설기도 했다. "반갑기도 하고 낯설기도 하다!" 이날 모인 선수들 모습만큼이나 프로당구에도 잘 어울리는 표현이 아닐 수 없었다.

왼쪽부터 신정주, 김진아, 이미래 선수

프로 출범 이후 어느덧 5년이라는 시간이 흘렀다. 프로 출범 준비 과정부터 프로 출범 이후 마주한 모든 상황이 녹록지 않았다. 코로나19, 아마추어 단체와 갈등, 선수 수급 문제, 전통성 논란, 스폰서 유치, 모회사와 갈등, 세계시장 공략, 스포츠토토 편입 등 지금도 헤쳐 나가야 할 과제가 산더미다. 프로당구 출범 이후 지난 5년이라는 시간은 프로당구 구성원 모두에게 누구도 가지 않은 길을 개척해 나간다는 자부심 하나로 버틴 날들이었다.

당구를 새롭게 바꾼다는 도전정신으로 구성원 모두가 똘똘 뭉친 결과였을까? 지난 5년이라는 짧은 시간 동안 프로당구는 당구계를 넘어 국내외 스포츠계 전반에 유의미한 변화의 바람을 이끌어 냈다.

프로당구 PBA골든큐 어워즈에서 공동 사회를 맡은 박찬(좌)아나운서와 김가영(우)선수

대상 시상식 장에서 공연을 펼치고 있는 김보미(좌), 김예은(우) 선수

무대 위에서 즉흥적으로 춤추고 있는 에디 레펜스, 피날레 공연을 장식하는 김민아 선수

중계 채널 수, 생중계 시간, 시청률, 도달률, 광고 노출 효과, 온라인 동시 접속자 수 등 모든 지표에서 괄목할 만한 성장을 이뤄낸 것이다. 프로당구는 짧은 시간 혁신을 끌어낸 공로를 인정받아 2022년 12월 대한민국 스포츠 산업 대상을 수상했다. 스포츠 산업 대상은 문화체육관광부가 주최하고 국민체육진흥공단이 주관하는 상으로 스포츠 분야에서 가장 권위가 높다.

해외에서도 프로당구 열풍이 불고 있다. 특히, 한국 못지않게 당구 인기가 좋은 베트남에서 뜨거운 반응을 보인다. 베트남 당구 동호인은 약 1,000만 명으로 추산되는데 베트남 인구는 약 1억 명이기 때문에 10명 중 1명이 당구 동호인인 셈이다.

현재, 프로당구 유튜브 시청자 중 베트남 유입률은 30% 정도다. 베트남 선수가 프로당구 무대에서 선전하는 날이면 더 많은 베트남 당구 팬이 프로당구를 시청한다. 2024년 1월 기준 페이스북 계정 빌리어드 베트남(Billiard Vietnam) 구독자 수는 약 17만 명에 달하는데 베트남 팬들의 요청으로 한시적으로 프로당구 중계를 허용하곤 한다. 프로당구는 베트남을 거점으로 세계화를 꿈꾸고 있다.

프로당구 출범 이래 불과 5년 만에 이뤄낸 소중한 성과로 그간 프로당구를 위해 고군분투한 프로당구 구성원 모두에게 작은 희망과 위안이 되었을 것이다.

이 책은 프로당구 출범부터 시작해 안정궤도에 이른 오늘까지 일어난 주요 사건을 담고 있다. 프로당구 출범 이래 다양한 사건·사고가 있었는데 주요 사건의 고비 고비마다 마주했던 여러 상황과 해결 과정을 이 책에 담아냈다. 책을 내면서 조심스러운 점은 프로당구가 여전히 현재진행형이라는 사실이다. 이제 5년째를 맞이한 프로당구를 두고 성공 운운하기에 너무 이른 시점이 아닌가? 라는 걱정이 앞선다. 더군다나 필자가 프로당구에 몸담고 있기 때문에 자화자찬식으로 프로당구의 지난 성과를 부각하고 미화할 가능성이 높다는 사실 역시 이 책이 지닌 가장 큰 핸디캡이 아닌가 싶다.

　책을 쓰고 있는 지금도 프로당구를 둘러싼 수많은 의사결정이 이뤄지고 있다. 전용 구장, 해외 진출, 선수 영입, 팀 창단, 경기 방식 이슈 등이다. 만약 이 모든 의사결정이 전부 최고의 판단이었고 최고의 성과를 이뤄냈다는 식으로 포장한다면 지난날 프로당구가 이뤄낸 작은 성과조차 곧바로 설득력을 잃을 것이다. 이는 곧 프로당구 정체성과 가치를 스스로 폄훼하는 일이기도 하다.

　이 책은 프로당구가 세상에 없는 그 무엇을 만들어 내기 위해 최고가 아닌 최선을 다한 과정에 집중한 결과물이다. 오늘을 살아가는 우리 모두가 감히 최고라 말할 수 없지만 저마다 특별한 존재이듯이 평범하디평범한 당구 역시 그렇게 특별한 존재가 될 수 있다는 사실을 전하고 싶었다. 영화로 치면 영웅 서사시와 같은 무용담이 아닌 평범한 아이가 나름의 상처와 사연을 극복하고 조금씩 어른이 되는 과정을 담은 성장영화에 가까울 것이다. 무엇보다 성공이 아니라 성장에 초점을 맞췄다는 점을 다시 한번 강조하고 싶다.

　만약 이 책을 선택한 당신이 스포츠 산업 종사자라면 첫 번째 글로벌 투어이자 국내에서 6번째로 프로화에 성공한 막내 프로스포츠가 어떤 전략으로 지금의 위상을 차지할 수 있는지 엿보면서 새로운 영감을 받을 수 있을 것이다. 꼭 스포츠 산업 종사자가 아니라 할지라도 더 이상 새로운 것이 없어 고민하거나 새로운 것을 만들려고 시도하는 이들에게 프로당구 사례가 새로운 모험에 나설 수 있는 용기를 북돋아 주길 희망한다. 하지만 현시점에서 무엇보다 바라는 건 이 책을 계기로 당구라는 종목이 세상에 더 많은 사랑과 관심을 받으며 꽤 근사한 스포츠로 성장하는 일일 것이다.

　세상에 없는 당구는 프로당구의 또 다른 이름이다. 여전히 반갑고 낯선 존재인 당구를 표현하는 데 이보다 어울리는 문장이 있을까 싶다. 이 책을 새로운 세상을 꿈꾸는 모든 이들에게 바친다.

차례

① 쿠션
새로운 스포츠의 시대

② 쿠션
당구판을 뒤집다

쿠션
당구만으로는 안 된다

01

새로운 스포츠의 시대

새로운 스포츠의 시대

쿠션

거대 자본의 산물 '프로당구'

★ 당구? 될까요?

필자가 프로당구 합류를 제안받으면서 무심코 내뱉었던 첫 마디였다. 5년 전 프로당구의 성공 가능성을 묻는 질문에 대부분 사람의 답변도 나와 크게 다르지 않았을 것이다. 하지만 당구를 자세히 들여다보면 볼수록 '당구'가 아닌 '당구 문화'에 문제가 있다는 점을 깨달았다. 프로당구는 후진적인 당구 문화를 차치하고 당구 종목 자체가 가진 가능성에 초점을 맞추며 출범을 준비했다.

2019년 6월 프로당구가 야심 차게 출범했다. 대한민국 역사상 첫 번째 글로벌 투어이자 국내 6번째 프로 종목 출범 소식에 국내외 많은 언론이 관심을 보였다. 프로당구 출범 전부터 오랜 시간 공들여 후원사, 방송사, 출전선수, 경기 방식 관련 준비를 착실히 해왔던 터라 모든 것이 순조로워 보였다. 그렇게 프로당구는 승승장구할 것만 같은 분위기였다.

2019년 12월 말, 연말 특유의 설레고 들뜬 분위기가 고조될 무렵 호텔 대연회장에서 프로당구 대회를 진행하다 우연히 단체 외국인 관광객 버스가 호텔로 들어오는 것을 보았다. 별다른 생각 없이 "이러다 코로나19로 인해 대회가 멈추는 거 아니야"라며 팀원들과 농담을 주고받았다. 그로부터 불과 1개월 뒤 모든 상황이 순식간에 바뀌었다.

스포츠 산업이 코로나19로 전대미문의 위기를 맞았다. 산업화 이래

세상에 없는 당구

수 세기 동안 전 세계에 강력한 영향력을 행사한 빅클럽에게 지난 3년이라는 찰나의 순간은 자신이 얼마나 나약하고 무기력한 존재였는지 깨달을 수 있는 시간이었다. 전 세계 수많은 빅클럽이 오랜 기간 자랑스럽게 쌓아온 찬란한 역사와 전통이 순식간에 사라지고 파산 직전까지 내몰렸다. 코로나19로 하루아침에 관중이 사라져 버린 시기 전 세계 빅 클럽은 경기 중단, 연기, 재개를 반복하며 이 악몽 같은 시간이 하루 빨리 끝나길 기도할 수밖에 없었다.

그런데 이 시기 허약해진 스포츠 산업의 빈틈을 노리고 거대 자본이 슬며시 발을 들이밀었다.

2021년 4월 유럽 슈퍼리그ESL 출범 소식에 전 세계 축구계가 발칵 뒤집혔다. 레알 마드리드, 바르셀로나, 유벤투스 등 전 세계에서 가장 인기 있는 명문 구단들이 모여 그들만의 리그를 열기로 선언한 것이다. 자국 리그에서는 리그 소속팀과 수익금을 배분해야 하는데 슈퍼리그에 참가하면 그럴 필요가 없기 때문에 막대한 수익도 보장되었다. 미국식 리그제로 2부 리그 강등 조건도 없기 때문에 보다 안정적으로 리그를 운영할 수 있었다. ESL출범 배경에는 미국투자회사 JP모건이 있다. JP모건은 ESL 창설에 60억 달러(약 6조 7천억 원)를 약속했다. 코로나19로 순식간에 재정 상태가 엉망이 된 구단 입장에서는 거부할 수 없는 유혹이었다.

2022년 6월에는 리브골프 출범 소식에 전 세계 골프계가 발칵 뒤집혔다. 세계 정상급 48명 골퍼를 중심으로 한 새로운 리그가 출연한 것이다. 2023년 기준 14개 대회가 열리고 대회당 총상금 규모가 2,500만 달러(약 320억 원)로 어마어마하다. 컷오프가 없기 때문에 최하위를 기록한 선수조차 15만 달러(약 1억 8천만 원)를 챙길 수 있다. 선수 입장에서는 적게 일하고 많이 벌 수 있는 구조이기 때문에 구미가 당길 수밖에 없다. 리브골프 출범 배경에는 사우디아라비아 국부펀드PIF가 있다. PIF는 리브골프에 20억 달러(약 2조 7천억 원)를 지원한다고 발표했다. 사우디아라비아 국부펀드PIF 규모는 6,000억 달러(약 800조 원)에 이를 정도로 어마어마하다.

국내에서는 2019년 6월 프로당구가 출범하면서 전 세계 당구계가 요동쳤다. 그간 당구는 높은 인기와 달리 터무니없이 적은 상금, 상위랭커에게 유리한 시드제, 선착순 대회 참가 시스템 등이 문제점으로 지적되었는데 프로당구 출범 이후 승강제 시스템을 도입하면서 2부, 3부에서 좋은 성적을 거둔 선수가 1부 투어로 진출하는 선순환 구조를 만들었다. 프로당구는 2023년 기준 10개 대회가 열리고 대회당 총상금 규모가 3억 5천 수준이다. 3억 5천이라는 상금 규모가 타 종목 대비 작게 보일 수도 있지만 기존 세계당구연맹(UMB, Union Mondiale de Billard)이 주최하는 당구월드컵이나 대한당구연맹(KBF, Korea Billiards Federation)이 주최하는 여러 대회와 비교했을 때 결코 적지 않은 금액이다. 참고로 KBF주최 대회는 대략 총상금 1,200만 원에 우승상금 500만 원 수준이다. 프로당구는 2023년 기준 총 10개 개인전이 열리고 6개 팀리그가 열린다. 프로당구는 출범 초기 당구 성장 가능성을 눈여겨본 여러 기업의 투자를 끌어내는 데 성공하며 약 150억 원 이상의 초기 투자금을 확보했다.

코로나19 이전 거대 자본은 스포츠 구단이나 선수를 사고팔거나 혹은 스폰서 십 유치를 통해 수익을 창출했는데 코로나19를 기점으로 약해진 스포츠 산업의 빈틈을 노려 투자한 만큼 더 많은 것을 가져갈 수 있는 새로운 플랫폼을 직접 개발하고 나섰다. 이러한 현상은 이전 스포츠계에서는 볼 수 없는 특이한 현상으로 거대 자본을 앞세운 새로운 스포츠 리그 출연은 더욱 가속화될 전망이다.

★ 테라 이벤트의 시대 개막

전통적인 스포츠 산업에서 가장 작으면서 지속적인 가치를 창출하는 조직 단위는 클럽이다. 클럽이 지역 단위 연합체가 되고 지역 단위 연합체가 모여 협회(NF, National Federation)가 된다. 우리나라를 예로 들자면 대한축구협회, 대한농구협회, 대한야구협회 등이 있다. 단일 종목 협회NF가 전 세계적으로 모이면 FIFA와 같은 국제연맹(IF, International

Federation)이 된다. FIFA가 내놓은 히트 상품은 우리가 잘 아는 월드컵이다.

축구와 같이 단일 종목이 아닌 종목별 협회가 모이면 국가올림픽위원회(NOC, National Olympic Committee)가 된다. 우리에게 친숙한 IOC는 국가올림픽위원회 즉 NOC의 집합체다. IOC가 내놓은 히트 상품은 올림픽이다. 오늘날 메가 이벤트라 불리는 올림픽은 국제연맹IF와 국가올림픽위원회NOC와 밀접한 협력 관계를 맺으며 공생한다. 특이할 만한 점은 국가올림픽위원NOC나 국제연맹IF 모두 각국 협회NF를 기반으로 하고 있다는 점이다. 올림픽이나 월드컵 같은 글로벌 스포츠 이벤트는 모두 협회NF를 기반으로 한다. 협회NF는 아주 오랫동안 스포츠 이벤트를 구성하는 근간이었다. 그런데 코로나19 이후 이러한 방정식에 균열이 가기 시작했다. 거대 자본이 자기 손으로 자신의 구미에 맞는 협회NF를 직접 만들고 나섰기 때문이다.

위에서 언급한 리브골프나 프로당구와 같은 새로운 글로벌 리그 출현이 그 징표다. 대놓고 상업화를 표방하는 이들 단체는 지켜야 할 전통이나 역사가 딱히 없으므로 현시점에서 가장 재미있고 즐거운 것에 집중할 수 있다. 과거부터 이어져 온 스포츠 룰이나 규칙은 단지 참고 사항일 뿐이다. 기존 스포츠에서 느끼지 못한 참신하고 재미있는 경기를 만들어 팬들의 관심을 끌어내는 일이 최우선 과제다. 새로운 글로벌 리그 출현은 처음부터 글로벌을 타깃으로 하므로 특정 지역이나 인종 역시 큰 걸림돌이 되지 않는다. 새로운 단체에게 스포츠 팬이란 어떤 지역에 어떤 피부색을 가지고 살고 있느냐 보다 어떤 취향을 가지고 있느냐가 더 중요한 관심사다. 필자는 새로운 시대에 새롭게 출연한 스포츠 이벤트를 '테라 이벤트Tera Event'라 정의한다. 테라 이벤트 기본 개념은 최근 필자가 출간한 '스포츠 마케팅의 미래'라는 책에서 이미 언급한 바 있다. 테라Tera는 기존 메가Mega나 기가Giga처럼 데이터 단위를 뜻하는데 메가와 기가 그다음이 테라라는 뜻도 있고 테라 어원이 괴물Monster를 뜻하는 그리스어 단어 테라스에서 유래했다는 점에 착안했다. 남은 21세기는 괴물처럼 어디로 튈지 모르는 무한 잠재력을 지닌 테라 이벤트로 인해 기존 질서가 무너지고 새로운 질서가 재편되는 과정을 통해 새로운 스포츠 산업 생태계가 꽃피우는 '대전환'의 시기를 맞이할 것이다.

★ 당구, 마케팅의 날개를 달다

현대 스포츠에서 아마추어 단체와 프로단체는 어느 정도 역할이 구분되어 있다. 아마추어 단체는 초중 고등학생, 대학생 등 아마추어 및 생활체육을 중점적으로 담당한다. 여기에 추가로 국제경기에 참여하는 국가대표팀을 지원한다. 반면 프로단체는 말 그대로 프로리그와 프로리그 산하 2부, 3부에 소속되어 있는 선수를 담당한다. 대부분 스포츠 종목은 아마추어 단체가 생기고 나서 어느 정도 분위기가 무르익은 시점에 프로화가 추진된다. 이 과정에서 양 단체는 서로 주도권을 뺏기지 않기 위해 노력한다. 통상 대중들의 인기가 높은 프로단체가 아마추어 단체보다 힘이 셀 것으로 생각하기 쉽지만, 축구 같은 경우 아마추어 단체인 대한축구협회KFA가 프로단체인 한국프로축구연맹K리그보다 힘이 세다. 우리나라는 프로리그인 K리그보다 국가대표팀 경기가 훨씬 인기가 좋기 때문에 축구 행정에 관한 주도권을 대한축구협회가 가지고 있다. 반면 야구는 정반대다. 야구 아마추어 단체인 대한야구소프트협회KBSA는 프로단체인 한국야구위원회KBO보다 인기가 없다. 현재 프로야구는 우리나라 프로스포츠를 통틀어 최고인기를 누리고 있는데 이런 이유로 한국야구위원회KBO가 야구 행정에 관한 주도권을 가지고 있다.

그런데 국내 6번째 프로스포츠로 출범한 프로당구는 작은 스포츠 마케팅 대행사가 주도했다는 점이 이색적이다.

2019년 5월 프로당구 출범식이 열렸다

차유람 선수가 프로당구 홍보대사로 임명되었다

당구계 전설 레이몽 클루망Raymond Ceulemans이 홍보대사로 임명되었다

세상에 없는 당구

레이몽 클루망 프로당구 개막 축하 메시지

앞서 언급했듯이 프로화는 대개 아마추어 종목에 대한 인기가 무르익었을 때 추진된다. 이 과정에서 영리를 추구하는 것이 목적이 아닌 아마추어 단체는 프로리그 활성화를 위한 별도 기구 창립에 대한 필요성을 공감하고 상호 협력의 길을 모색한다. 초기 협력 관계를 유지하는 양 단체는 시간이 흐름에 따라 점차 독립적으로 운영된다. 결과적으로 오늘날 아마추어 단체가 초·중·고등학생, 대학생 등 아마추어 및 생활체육

을 담당하고 프로단체가 프로리그 산하 2부, 3부리그를 운영하는 형태를 띠게 됐다. 지금까지 스포츠 단체는 대개 이런 형태로 발전했다. 그런데 프로당구는 이런 규칙을 모두 깨면서 출범했다. 당구 시장에 대한 잠재력을 높이 평가한 국내 스포츠 마케팅 대행사가 독립적인 프로기구를 창설하기에 이르렀고 이에 기존 아마추어 당구 선수가 대거 합류함으로써 프로화에 성공한다. 그간 스포츠 마케팅 대행사는 스포츠 현장 최전선에서서 다양한 스포츠 단체의 마케팅 활동을 지원하는 역할을 수행했다. 스포츠 마케팅 대행사를 중심으로 탄생한 프로당구는 다양한 종목을 대행하면서 얻은 마케팅 노하우를 적극적으로 프로당구에 접목하면서 세상 그 어떤 스포츠 단체보다 트렌디하고 역동적으로 움직일 수 있는 조직으로 거듭났다.

프로당구가 특별한 이유는 대부분 스포츠 마케팅 활동이 대기업을 중심으로 프로화가 추진된 이후 흥행을 위한 부가적인 수단으로 활용되었던데 반해 프로당구는 시작부터 마케팅에 초점을 맞추고 프로화를 이뤄냈다는 점에서 주목할 만하다. 대기업이 아닌 작은 스포츠 마케팅 대행사가 프로화를 끌어낸 점 역시 전 세계적으로 보기 드문 특별한 사례라 하겠다.

당구, 제2의 비상을 꿈꾸다

★ 탑다운 방식으로 시작된 프로화

대한민국 스포츠는 '탑다운Top-down' 방식으로 발전했다. 80년대 군부독재시절 3S정책하에 프로화를 맞이한 대한민국 스포츠는 82년 야구를 기점으로 씨름, 축구, 농구, 배구 순으로 프로화를 맞이했다. 국가 정책 아래 대기업들이 줄줄이 스포츠를 후원하게 되면서 기업은 곧 해당팀을 상징하게 되었다. 해외처럼 아마추어 단체 시절부터 팬들의 열광적인 인기를 등에 업고 프로화가 추진된 것이 아니었기 때문에 프로구단을 통해 수익을 창출하려는 시도보다 해당 팀이 성적이 좋아 주요 미디어나 일간지 1면을 장식하면 그걸로 만족했다. 최근 들어서야 이러한 분위기가 바뀌어 모든 스포츠 구단이 수익을 내는 데 혈안이 되어 있지만 얼마 안 되는 티켓 판매 수익이나 머천다이징 수익을 좇느니 자신이 가진 광고 권리 몇 개를 내주고 즉각적으로 수익을 창출하는 쪽으로 방향을 틀었을 뿐이다. 당장 눈에 띄는 성과가 보여야 직성이 풀리는 기업 특성상 장기적인 안목에서 구단 가치를 키우려는 노력은 여전히 뒷전이다. 어느 날 눈떠보니 갑작스레 프로화를 맞이한 대한민국 스포츠계 현주소다.

★ 보텀업 방식으로 성공한 골프와 e스포츠

21세기 들어 대한민국에서 보텀업Bottom-up방식으로 크게 성장한 스포츠가 있다. 골프와 e스포츠다.

골프는 1998년 박세리 선수가 US오픈을 우승한 이후 수많은 세리 키즈 선수를 배출하며 역대급 중흥기를 맞았다. 세리 키즈란 박세리 선수가 전성기 때 골프하는 것을 보고 골프 선수의 꿈을 키운 세대를 가리키는 말이다. 박인비, 유소연, 신지애, 김인경, 이보미, 김하늘 선수 등이 대표적인 세리 키즈로 불린다. 대한민국 골프는 세리 키즈 성장과 더불어 도심에서도 편하게 골프를 즐길 수 있는 스크린 골프의 비약적인 성장을 바탕으로 대중화에 성공한다. 대한골프협회 조사에 따르면 2021년 기준 국내 골프 활동 인구는 1,176만 명으로 나타났다. 앞선 조사가 다소 과장된 측면이 있다고 가정해도 최근 여러 지표에서 국내 골프 인구가 이웃 나라 일본을 앞지르며 역대급 호황을 누리고 있다는 사실을 확인할 수 있다. 참고로, 영국왕립골프협회R&A에 따르면 2021년 말 전 세계 골프 인구는 6,660만 명으로 나타났다. 대다수 전문가 의견을 취합해봤을 때 현재 우리나라 골프 산업 규모는 약 13조~9조 원 정도다. 골프는 1904년 세인트루이스올림픽을 끝으로 올림픽 종목에서 탈락한 이후 112년 만에 2016 리우데자네이루올림픽 정식종목으로 다시 채택되며 전 세계인의 관심을 받는 데 성공한다. 2016 리우데자네이루올림픽에서 박세리는 여자 골프 대표팀 감독으로, 대표적인 세리 키즈인 박인비는 국가대표 선수로 출전해 금메달을 따냈다. 이 일을 계기로 LPGA무대에서 위상을 떨치던 대한민국 골프는 다시 한번 전 세계에 그 위상을 떨치게 됐다.

한국은 명실공히 e스포츠 종주국이다. e스포츠는 1980년대 북미에서 랜 파티LAN Party형태로 출발했는데 게임 리그까지 만들고 콘텐츠화에 성공한 건 대한민국이 최초이기 때문이다. 북미에서 탄생한 e스포츠가 한국 시장에서 꽃피운 셈이다. e스포츠는 1998년 출시한 스타크래프트 인기와 더불어 PC방이 급성장을 이루며 발전했다. 1990년대 후반부터 PC방 질적 양적 팽창과 더불어 배틀그라운드, 피파온라인, 오버워치, 리그오브레전드 LoL과 같은 게임이 지속해서 인기를 끌며 젊은 층에 절대적인 지지를 받는다. 값도 싸고 언제 어디서나 즐길 수 있다는 점이 e스포츠 장점이다. 비록 게임으로부터 시작했지만, e스포츠는 그간 레거시 스포츠 단체가 쌓아온 스포츠 마케팅 노하우를 빠르게 흡수하며 이제는 제법 스포츠다운 면모를 보인다. 대한민국 e스포츠는 다양한 종목에서 임요환, 페이커와 같은 전설적인 프로 게이머를 지속해서 배출하고 있다. 골프와 마찬가지로 실력에 있어서 타의 추종을 불허할 만큼 전 세계 시장에서 독보적인 위치를 차지하고 있기 때문에 이제는 미국, 유럽, 중국팀으로 이적한 한국 선수를 쉽게 찾아볼 수 있을 정도가 됐다.

한국콘텐츠진흥원이 발표한 2022 e스포츠 실태조사에 따르면 국내 e스포츠 산업 규모는 2021년 1,048억 원 수준이다. 참고로, 글로벌 e스포츠 시장 규모는 2021년 11억 7,800만 달러(약 1조 6천억 원) 수준이다. e스포츠는 2022 항저우 아시안게임에서 정식 종목으로 채택될 정도로 젊은 세대의 절대적인 지지를 받고 있다. 게임업계는 2022 항저우 아시안게임을 변곡점으로 e스포츠 위상이 크게 올라갈 것을 기대하고 있다. e스포츠가 젊은 층의 전폭적인 지지를 받는 만큼 EPL, NBA, F1 등 전통적인 스포츠팀들이 프로 게임단을 잇달아 창단하고 나선 점도 특이할 만

하다. 과거 스포츠 단체는 아빠 손에 이끌려 경기장을 찾은 아이 덕분에 젊은 층 유입이 비교적 손쉬웠는데 스포츠 말고도 재미있는 것이 지천에 널린 현대 사회에서 젊은 세대를 잡기란 쉽지 않은 일이 되었기 때문에 e스포츠를 매개로 삼아 새로운 도약을 꿈꾸고 있다.

> 랜 파티란? 1990년대 미국에서 등장한 컴퓨터 게임용어로, 여러 사람이 멀티 플레이어 게임을 온라인상에서가 아닌 오프라인상의 장소로 모여 그 장소에서 함께 플레이하는 것을 말한다. 근거리 통신망과 모임의 합성어이다.

★ 당구, 제2의 비상을 꿈꾸다

일본을 통해 우리나라에 소개된 당구는 1980년대 후반과 90년대 초 전성기를 맞이하며 많은 사람에게 사랑받는다. 당시는 대한민국이 급격한 산업화와 도시화를 겪었던 시기로 경제적으로도 어려웠던 만큼 높은 가성비를 자랑하며 여가 생활을 즐기는데 당구만한 종목도 없었다. 하지만 당구장을 배경으로 한 영화나 드라마를 통해 흡연, 도박, 음주, 욕설, 불량한 복장 등 당구에 대한 부정적인 이미지가 쌓이면서 대중에게 당구장은 곧 '탈선의 장소'로 인식되었다. 급기야 1986년 5월 당구장이 유기장업 범주에 들어가고 당구를 규제하는 법이 만들어지면서 당구에 대한 부정적인 이미지가 굳어졌다. IMF외환위기 전까지 전국에 4만여 개 당구장이 산재해 있었는데 점차 줄어들어 2023년 현재 약 2만 5천여 개로 추정된다. 당구장 숫자가 전성기에 비해 많이 줄긴 했지만 그래도 여전히 엄청난 숫자가 아닐 수 없다. 2023년 현재 전국 편의점이 약 5만 개, PC방이 약 1만 개 정도 있는데, 전국 당구장은 편의점 대비 약 0.5배, PC방 대비 2.5배 많은 수준으로 비교해 볼 수 있다. 전국 당구연합회는 국내 당구 인구를 1,200만 명으로 추산한다. 당구 시장 규모는 다수 전문가 의견을 취합해 봤을 때 2020년 기준 약 2조 2,000억 원 수준이다.

국내 당구 인구나 당구 시장 규모가 상당하기 때문에 해외에서는 한국을 당구의 나라Korea is Billiard country라 부르기를 주저하지 않는다. 당구계 4대 천왕 프레드릭 쿠드롱과 다니엘 산체스는 전국 어딜 가도 당구장 간판을 볼 수 있는 한국을 '당구 천국'이라고 표현하곤 한다. 한국에서는 당구 종목 중 캐롬 종목이 유독 인기가 높은 편이다. 2019년 프로화를 맞은 당구 종목이 바로 3쿠션을 기반으로 하는 캐롬 종목이다. 대한민국 3쿠션 당구 선수 실력이 워낙 출중하다 보니 무명의 한국 선수가 세계적인 당구 선수를 이기는 경우를 종종 볼 수 있다. 2019년 2월 기준 세계당구연맹(UMB, Union Mondiale de Billard) 랭킹 50위 중 한국 선수가 8명이나 포함될 정도로 수준급 실력을 자랑한다.

당구는 지금까지 총 4번 아시안게임 정식종목으로 채택되었는데 1998 방콕, 2002 부산, 2006 도하, 2010 광저우다. 당구는 2010년 광저우 아시안게임을 마지막으로 정식 종목에서 제외되었는데 2030 도하 아시안게임에서 정식종목으로 재입성했다. 20년 만의 일로 당구계 최대 호재가 아닐 수 없다. 당구 종목은 2019년 프로화를 맞아 대중 스포츠로서 이미지가 대폭 개선되었으며, 2022년 3월 유해시설로 분류된 당구장 관련 모든 법적 규제가 사라지며 새로운 모습으로 대중 앞에 다가서고 있다.

★ 코로나19 수혜 종목 당구

필자는 프로당구 출범 전 오랜 기간 프로 골프 산업에 종사했다. 네이버에 골프 페이지가 없던 시절, 여자골프보다 남자골프가 인기 있던 시절, 골프는 돈 있는 사람만 친다던 시절부터 시작해 오늘까지 골프계 성장을 가까이에서 지켜봐 왔다. 지난 20여 년간 골프계 성장은 와이어투와이어Wire To Wire에 비유할 수 있다. 와이어투와이어란 매라운드 순위가 바뀌는 골프 대회에서 첫날부터 마지막 날까지 선두 자리를 놓치지 않고 우승하는 것을 의미한다. 굳이 이 자리에서 숫자를 언급하지 않더라도 코로나19 기간 동안 사회적 거리 두기로 가장 큰 수혜를 본 종목이 골프라는 사실은 누구도 부인하기 힘들 것이다. 골프는 개인 종목에다 광활한 대지에서 경기를 할 수 있다는 점을 내세워 코로나19라는 악재에도 불구하고 안정적으로 시즌을 이어갈 수 있었다.

그런데 업계 비밀 아닌 비밀 하나가 있다. 바로 당구 종목이다. 당구역시 코로나19 기간 조용하고 은밀하게 성장한 종목이다. 당구는 개인종목으로 골프와 마찬가지로 사회적 거리 두기에 적합한 종목이다. 야외종목인 골프에 비해 제약이 있기는 하지만, 3.1m x 1.7m 테이블을 사이에 두고 멀찌감치 떨어져서 경기하다 보니 방역이나 인력 통제가 상대적으로 수월하다. 프로당구는 이러한 특성을 활용해 코로나19 기간 안정적으로 대회를 이어갈 수 있었다. 코로나19로 전 세계 스포츠가 멈춰버린 상황 속에서 프로당구는 다른 인기스포츠의 빈자리를 꿰차며 중계 시간을 역으로 늘려 나갔다. 23-24시즌 프로당구는 국내 프로스포츠 종목을 통틀어 생방송 중계 시간 1위(3,308hr), 생방송 도달률 2위(40.1%)라는 대기록을 달성하기도 했다. 프로당구 지난 5년간 성장은 하이런Hirun에 비유할 수 있다. 당구계 용어로 연속 득점을 하이런이라고 하는데 프로당구는 출범 이래 각종 지표에서 매년 하이런 급성장을 이뤄내는 데 성공한다. 2019년 출범한 프로당구는 2022년 말 그 공로를 인정받아 출범 4년 만에 스포츠 산업 대상을 받기도 했다.

제18회 대한민국 스포츠산업대상 수상

세상에 없는 당구

모든 것이 멈춰버린 그 시절 골프와 당구는 사람 간 접촉을 최소화할 수 있는 개인 종목이라는 특성을 앞세워 자신의 영역을 확장했다. 하나는 30만 평의 광활한 대지에서 나머지 하나는 100평 남짓한 작은 공간에서…, 눈 깜짝할 사이 메이저 반열에 오른 골프처럼 당구가 과연 제2의 골프가 될 수 있을까? 당구장, 당구 인구, 당구 실력, 당구 산업 규모 등 당구에 관해서는 진심인 대한민국이 과연 세계 당구계를 점령할 수 있을까? 과거 범죄와 탈선의 상징이었던 당구가 부정적인 이미지를 떨쳐내고 화려한 비상을 준비하고 있다.

멀고도 가까운 스포츠 골프와 당구, 닮은 점 14가지

대학 때 처음 접한 마케팅 과목이 너무 재미있었고 운동도 좋아해서 여기까지 왔다. 가장 좋아하는 운동이 농구라서 그쪽에 업을 두고 일했더라면 더 재밌었겠지만 지금 주력하는 일은 골프와 당구다.

최근 대한민국 골프는 수많은 예능프로그램이 쏟아지며 명실공히 남녀노소 누구나 즐기는 메이저 스포츠 반열에 올랐다. 반면 당구는 이제 막 프로화되면서 마니아 스포츠에서 메이저 스포츠로의 도약을 향한 첫 발걸음을 뗐을 뿐이다. 하지만 골프가 처음부터 오늘과 위상을 차지하게 된 것은 아니다. 지금은 여자프로골프 인기가 남자프로골프 인기보다 월등히 앞서있지만 2000년 초반 국내 골프는 남자프로골프가 훨씬 활성화되어 있었다. 세계적인 추세로 보자면 예전이나 지금이나 남자프로골프 인기가 높지만, 한국에서는 사정이 크게 다르다. 한국에서는 여자프로골프가 대세가 된 지 오래다. 전 세계 흐름과 달리 한국에서 유독 여자프로골프가 인기있는 이유로 선수들의 실력, 외모, 패션, 팬서비스 등 여러 가지를 꼽을 수 있을 것이다. 하지만 그 무엇보다 한국여자프로골프의 가장 큰 성장 동력을 꼽자면 '기업 오너'가 좋아하는 스포츠라는 점을 빼놓을 수 없다. 여자프로골프는 기업 최종 의사결정권자의 '최애 스포츠'라는 이유로 타 종목 대비 스폰서 십 유치가 용이했다.

당구는 2019년 6월 첫 대회를 시작으로 프로화 포문을 열었다. 현재 프로당구는 과거 골프가 그랬던 것처럼 남자당구 선수 인기가 여자당구 선수 인기보다 좋다. 활동 중인 선수 숫자나 동호인 수 그리고 기량 면에서도 남자프로 선수가 여자프로 선수에 비해 월등히 앞선다. 당구는 오랜 역사만큼이나 전국에 재야의 고수가 넘쳐나서 현재 여자프로 선수와 비슷한 실력을 갖춘 남성 아마추어가 많지만, 시간이 흐를수록 당구를 업으로 하는 '프로'를 제아무리 여자프로 선수라 할지라도 '아마추어'가 따라잡기란 쉽지 않을 것이다. 여자프로 선수 당구 실력이 더 올라오고 외모, 패션, 팬서비스 등 요소가 더해진다면 과거 여자프로골프처럼 여자프로 당구가 미래 당구 흥행을 이끄는 핵심 사업으로 성장할 것이다.

당구는 80~90년대 부담 없는 가격으로 즐길 수 있는 최고 인기 스포츠로 큰 인기를 끌었다. 당구는 그 시절 누구나 한 번쯤은 푹 빠졌을 법한 서민 스포츠라는 타이틀을 가지고 있는데 대한민국 10대 기업 임원 연령대가 50대 중반이라는 점을 고려한다면 당구 역시 기업 최종 의사결정권자가 관심을 가질 만한 종목으로 스폰서 십 유치가 용이했다. 골프는 귀족 스포츠, 당구는 서민 스포츠로 정반대의 포지셔닝을 차지하고 있지만, 최종 의사결정권자가 좋아하는 스포츠라는 공통점이 성장 동력으로 작용했다.

현재, 프로당구 마케터로서 다행인 점은 프로당구가 가야 할 방향을 결정하는 데 있어 골프에서 쌓은 경험이 훌륭한 길잡이 역할을 하고 있다는 점이다. 대한민국 골프 성장사를 현장에서 직접 부딪히며 깨달은 다양한 노하우는 프로당구와 관련된 의사결정 과정에서 보다 창의적인 선택을 할 수 있는 좋은 자양분이 되었다. 여기서는 프로당구에 관한 이야기를 이어가기 전에 두 종목을 모두 경험한 스포츠 마케터로서 골프와 당구의 공통점에 대해서 잠시 언급하고자 한다. 얼핏 생각하면 전혀 공통점이 없을 것 같은 골프와 당구가 도대체 어떤 면에서 닮았다는 것일까? 서로 관련이 없을 것 같은 두 종목 간 공통점을 발견하는 과정을 통해 프로당구만의 새로운 가치를 창출하는데 많은 영감을 받았다.

★ 골프와 당구, 닮은 점 14가지

첫째, 귀족 스포츠

골프Golf어원은 스코틀랜드 고어 '치다'의 '고프Gouft'가 어원이다. 스코틀랜드는 '링크스Links'라 불리는 기복이 심한 초원이 많아 골프 코스로 적합했다. 대개 이곳은 공유지였기 때문에 많은 사람이 자유롭게 이용할 수 있었다. 그런데 스코틀랜드 사람들이 일은 제쳐두고 너무 골프에 빠져 국방을 소홀히 한다는 문제점이 제기되자 당시 스코틀랜드 국왕 제임스 2세는 '골프 금지령'을 내린다. 1457년에 일어난 일로 이는 골프에 관한 최초의 문서이기도 하다. 1502년 제임스 4세가 골프 금지령을 해제하기까지 약 45년 동안 스코틀랜드 사람은 숨어서 골프를 즐길 수밖에 없었다. 이 시기는 오직 귀족만이 자신의 특권을 과시하며 골프를 즐길 수 있었다. 영국에서 골프는 골프광으로 알려진 제임스 6세가 예배를 가야 하는 일요일에도 골프를 즐길 수 있도록 허용하는 '골프 완화령'을 발표하면서 비로소 국민 스포츠로 자리 잡는다. 이후 골프는 대영제국 확장과 맞물려 전 세계로 전파된다. 대한민국에 골프가 처음 전해진 것은 1900년으로, 고종 황실 고문으로 온 영국인들에 의해서였다. 그들은 원산 바닷가의 세관 구내에서 6홀짜리 코스를 만들어 놓고 골프를 즐겼는데, 훗날 서울 컨트리클럽의 기초가 된다. 대한민국 골프는 도입 초기부터 황실 고문, 외국인 선교사와 외교관들이 주로 즐기면서 상류층 문화로 자리 잡았다.

당구는 마당에서 하던 크리켓이 실내 테이블 위로 옮겨진 것으로 15세기 말 프랑스 루이 11세 때부터 활성화되었다. 루이 14세 시절 프랑스

상류층 사회에 널리 유행한 당구는 이후 영국, 스페인, 이탈리아, 독일 등 유럽 각국 왕실에서 큰 인기를 끌었다. 당구는 과거 유럽에서 큰 인기를 끌었기 때문에 오늘날 대부분 당구 용어는 유럽을 기반으로 한다. 우리가 당구장에서 맛세이라 부르는 찍어치기 기술도 프랑스어 massé(마세)에서 온 말이다. 이후 당구는 제국주의 물결에 따라 전 세계로 전파된다. 대한민국 당구는 일본을 거쳐 유입됐다. 아시아 다른 나라보다 일찍 문호를 개방한 일본은 1870년대 네덜란드를 통해 당구를 접했고 이를 19세기 말 조선에 전파했다. 당시 매일신보는 순종 황제가 옥돌로 만든 4구 당구대 2대를 설치하고 게임을 즐겼다고 전하기도 했다.

골프나 당구는 재밌거나 특별하게 보이는 것은 무엇이든 '독점'하고 싶다는 사회 특권층의 욕망을 대변하는 상징물이다. 두 종목 모두 과거 사회 특권층이 독점하던 문화로 시간이 흘러 자연스럽게 대중에게 전파되었다는 공통점을 가지고 있다. 오늘날 전 세계 사람들이 골프와 당구를 즐기게 된 이유는 과거 왕과 귀족의 전유물로 여겨졌던 특별한 문화를 즐기면서 자신 역시 특별한 존재임을 과시하고 싶은 욕망이 숨어 있기 때문이 아닐까?

둘째, 다양한 경기방식

전 세계에서 가장 인기 있는 스포츠 축구는 골을 더 많이 넣은 팀이 승리하는 심플한 경기방식을 가졌다. 이에 반해 골프와 당구는 여러 가지 방식으로 경기를 즐길 수 있다. 통상적으로 골프는 18홀 72타수를 기준으로 가장 적게 친 사람이 승리하는 방식이다. 지금과 달리 초창기 골프는 개인 간 승패를 가리는 1:1 매치 플레이 형태가 성행했다. 이후 많은 사람이 참가할 경우 우승자를 가리기까지 시간이 너무 오래 걸린다는 단점을 보완하기 위해 18홀 72타를 기준으로 가장 적게 친 사람이 승리하는 스트로크 플레이로 대체됐다. 매치플레이 방식은 홀당 승부를 가리는 방식으로 전체 타수와 무관하다. 1:1뿐만 아니라 2:2 방식도 가능하기 때문에 파트너와 장단점을 잘 조합해 팀을 구성하면 색다른 방식으로

골프의 묘미를 느낄 수 있다. 팀전은 주로 포섬(foursome, 2명이 한 조로 경기 하며 한 개 공으로 한 번씩 번갈아 가며 플레이하는 방식)이나 포볼(four-ball, 2명이 한 조로 경기하며 각자 자신의 공으로 플레이를 한 뒤 더 좋은 스코어를 그 조의 스코어로 삼 는 방식)로 플레이 한다. 매치플레이 대표적인 예로 라이더 컵이나 프레지 던츠컵과 같은 국가대항전 골프 대회를 들 수 있는데 국가별 최고 선수 를 선발해 팀 단위로 경기하면서 '최고의 플레이'를 이끌어낼 수 있다는 측면에서 차별화 된다.

당구도 다양한 경기방식으로 진행이 가능하다. 우리나라에서 가장 인 기 있는 3쿠션 종목을 살펴보자. 3쿠션은 수구가 제1적구와 제2적구를 모두 맞히기 전에 3번 이상의 쿠션을 맞추어야 점수가 인정된다. UMB 나 KBF가 주관하는 대회 기준으로 한 번 칠 때 1점으로 계산하며 40점 이 될 때까지 상대방과 번갈아 가며 샷을 시도한다. 40점에 먼저 도달하 는 자가 승리하는 방식이다. 일반인 사이에서 종료 점수는 자신의 핸디 캡을 기준으로 조정하여 진행한다. 프로 출범 이후에는 '세트제'가 주목 받고 있다. 통상적으로 세트제는 5세트를 기준으로 15점에 먼저 도달하 는 사람이 해당 세트를 가져가는 방식이다. 당구 황제 프레드릭 쿠드롱 은 "세트 스코어 2:0으로 앞서고 있더라도 경기에서 이긴다는 보장이 없 다. 순식간에 역전할 수 있는 것이 세트제다."라며 세트제의 묘미에 대 해 설명했다. 과거 UMB가 주관하는 월드컵, 세계 선수권대회에서도 세 트제를 사용한 적이 있는데 현재는 프로당구가 이 방식을 변형하여 채택 하고 있다. 골프에 포섬 방식이나 포볼 방식이 있다면 당구에는 K-더블 (K-Doubles, 두 명의 선수가 번갈아 가며 공격하되, 한 선수가 득점에 성공하면 계속 타 석을 이어가는 방식)과 스카치 더블(Scotch Double, 두 명의 선수가 번갈아 가며 공격 하되, 한 선수가 득점에 성공하면 다음 선수가 타석을 이어가는 방식)이 있다. K-더블 방식과 스카치 더블 방식은 프로당구 PBA팀리그나 세계팀3쿠션 선수권 대회와 같은 팀 대항전에서 적용하는 방식이다.

이 밖에 골프는 위에서 설명한 포섬이나 포볼 방식 외 스킨스 게임

(Skins Match, 홀마다 상금을 걸어 해당 홀에서 이긴 플레이어가 상금을 획득하는 방식), 신페리오(New Perio Method, 전후반 각 6개 홀씩 12개 홀을 지정해 핸디캡을 산정하는 방식)방식 등이 있다. 당구는 위에서 설명한 3쿠션 방식 외 1쿠션(One cushion, 자신의 공이 레일에 최소 3번이 아닌 1번 이상 닿은 후 1, 2 목적구를 맞추는 방식), 서바이벌(Survival, 4인 1조 경기 방식으로, 득점하면 상대 점수를 빼앗는 당구 경기), 레이아웃 3쿠션(Layout 3 Cushion, 사전에 정한 게임수와 이닝을 모두 소화하고 그에 따른 점수를 합산해 승자를 정하는 방식) 등이 있다. 이처럼 골프나 당구는 개인종목의 특성을 앞세워 수많은 경기 방식을 새롭게 만들거나 변형할 수 있다는 장점이 있다. 현대 사회에서 스포츠는 '더 짧고', '더 격렬'하고, '더 박진감' 넘치는 플레이 스타일을 원한다. 골프와 당구는 이러한 시대 흐름에 따라 보다 유연하게 다양한 경기 방식을 개발하고 적용하며 변화에 적응해 왔다.

셋째, 예의와 매너 중시

22-23시즌 프로당구PBA팀리그 6라운드 4세트 남녀 복식경기에서 강민구 선수가 경기 중 신발 끈이 풀어진 스롱 피아비 선수의 신발끈을 묶어주는 장면

세상에 없는 당구

축구, 야구, 농구, 배구 등 경기 내내 환호성을 지르는 스포츠와 달리 골프와 당구는 '침묵'과 '환호' 사이 간극이 명확한 스포츠다. 치열한 승부 속에서 선수가 집중할 수 있도록 침묵으로 응원하고 멋진 샷을 성공했을 때 큰 박수로 화답하는 모습은 세상 그 어떤 종목보다 우아하고 기품 넘치는 분위기를 연출한다. 흔히 골프와 당구는 신사의 스포츠라 부르는데 경기하는 선수가 상대방에 대한 예의와 매너를 최우선으로 생각하기 때문이기도 하고 관중 역시 이를 지켜야 한다는 암묵적인 합의가 돋보이기 때문이다. 이밖에 골프와 당구는 다른 종목에서 찾아볼 수 없는 독특한 문화를 공유하고 있다.

먼저 골프를 자세히 살펴보자. 현재, 골프 규약에는 골프 복장dress code에 대한 특별한 규제나 제한이 없다. 하지만 오랜 전통을 가진 그러니까 소위 명문 골프장일수록 골프 복장에 대한 엄격한 규칙을 적용하고 있다. 남자의 경우 라운드티셔츠, 민소매티셔츠, 청바지, 반바지, 운동화, 샌들 등 착용을 금지하고 있다. 라운딩 시 셔츠가 밖으로 나오지 않게 혁대를 착용하는 것도 예의다. 여자의 경우 민소매, 가슴 파인 상의, 짧은 반바지 등을 금지하고 있다. 라운딩 시에 지켜야 할 매너로는 티 오프 시간 30분 전에 도착하기(골프는 골프장에 도착해 동반자와 인사를 나누고 몸 풀 수 있는 여유시간이 필요하기 때문이다), 상대방이 샷을 할 때는 조용히 하고 시야에 방해가 되지 않도록 주의하기, 벙커 샷을 하고 난 후 발자국 정리하기, 상대방의 퍼팅라인을 밟지 않기, 먼 거리에 위치하여 홀 컵이 잘 보이지 않을 때 홀 컵에서 가장 가까이 볼을 붙인 사람이 홀 깃발을 잡아주고 퍼팅 샷 이후에 홀 깃발 빼 주기, 디봇 정리하기(아이언 샷을 하는 경우 디봇이 발생하는데 파여서 날아간 잔디를 찾아서 디봇이 발생한 곳을 덮어줘야 한다) 등이 있다.

당구 역시 특유의 문화가 존재한다. 과거 당구하면 귀족 스포츠답게 흰색 셔츠에 조끼와 나비넥타이를 착용하고 경기에 임해야 했다. 프로 출범 이후 복장 관련 규정을 대폭 개선하며 선수 개성을 살릴 수 있도록 유도했지만 지금도 아마 단체에서는 흰색 셔츠에 조끼와 나비넥타이를 착용하고 경기에 임하는 선수 모습을 볼 수 있다. 당구 경기 시에 지켜야 할 매너로는 게임 시작 전에 상대방 선수에게 인사하기, 옆 테이블 경기에 지장이 없도록 주의를 기울이기, 상대방이 샷을 할 때는 시야나 진로에 방해가 되지 않는 곳에서 대기하기, 상대방 타석 시 반드시 자리에 앉기, 득점하지 못했을 경우 자신의 초크는 가지고 나오기, 초크 칠 소리 주의하기, 상대 플레이에 영향을 미칠 수 있는 언행 주의하기, 의도하지 않은 샷이 성공할 때 상대방에게 인사를 하여 미안함 표시하기, 상대방 득점 시 함께 응원하기 등이 있다.

당구계 4대 천왕으로 불리며 인간 줄자라는 별명을 가지고 있는 딕 야스퍼스는 당구의 매력으로 매너와 예의를 꼽았다. 딕 야스퍼스는 "보통 스포츠라고 하면 상대와 전투적이고 충돌하는 공격적인 성향이 있다. 하지만, 당구는 상대 선수에게 예의를 제대로 지켜야 하는 스포츠다. 공정하면서 공격적이지 않고 예의를 지키는 몇 안 되는 스포츠라고 생각한다. 현재 세계적으로 서로를 비난하는 차별과 혐오의 시대에 있다. 이런 상황 속에서 당구가 지구를 하나로 뭉치게 할 예의의 스포츠로 발전할 수 있다고 본다"고 말하기도 했다.

넷째, 멘탈 스포츠

골프와 당구는 멘탈Mental이 정말 중요한 종목이다. 두 종목 모두 실제 플레이 시간보다 다음 샷을 위해 기다리는 시간이 많을 정도다. 조금 전 자신이 한 실수가 꼬리에 꼬리를 물고 스스로를 괴롭히는 경우가 많기 때문에 매 순간 집중력을 놓치지 않고 자신 리듬을 유지하는 데 최선을 다해야 한다.

골프 황제 잭 니클라우스는 승리를 좌우하는 요소로 기술 20%, 정신력 80%라고 말한 바 있다. 그만큼 선수 심리상태가 시합에 미치는 영향이 크다는 뜻이다. 잭 니클라우스는 연습 때 좋은 스코어를 기록한 선수가 시합에 나가 제 실력을 발휘하지 못하고 아쉬운 성적을 남기는 이유로 정신력을 꼽았다. 여기서 말하는 정신력이란 경기를 수행하는 데 절대적으로 필요한 자신감, 집중력, 인내심 등을 포함한 감정조절 능력을 말한다. 실제 시합은 연습과 달라서 정신적으로 엄청난 압박을 받기 마련인데 살얼음판을 걷는 것과 같은 긴장감을 극복해야 좋은 선수가 될 수 있다는 의미다. 타이거 우즈, 필 미컬슨 등 세계 정상급 선수들이 멘탈 트레이닝이나 심리치료를 지속해서 하는 이유가 여기에 있다.

당구 역시 멘탈이 매우 중요한 종목이다. 당구는 상대방의 공을 뺏거나 되받아치는 운동이 아니라 자기 차례에 자기 공을 치는 운동이다. 상대방이 득점하지 못할 경우에만 내 차례가 주어진다. 온전히 자기 자신만의 플레이를 요구하기 때문에 정신적, 심리적 상태가 경기 결과에 큰 영향을 미친다. 골프와 마찬가지로 당구 역시 멘탈 관리가 중요한 이유다. 당구 종목은 최근까지 전문적인 멘탈 트레이닝 코칭 제도가 정착되지 않았는데 지난 2023년 5월 프로당구와 한국코치협회가 MOU계약을 체결하면서 선수가 멘탈적인 측면에서 한 단계 성장할 수 있는 계기를 마련했다.

2023년 5월 프로당구와 한국코치협회가 업무협약식을 체결했다

우리나라는 3쿠션 종목에서 이상천, 김경률, 조재호, 최성원, 강동궁, 김행직, 조명우 등 세계적인 스타플레이어를 지속해서 배출하고 있는데

이번 멘탈 코칭 제도를 통해 당구가 보다 과학적인 두뇌 스포츠로 한 단계 성장할 수 있는 계기를 맞았으면 한다.

다섯째, 하면 할수록 어렵다

모든 스포츠가 상급자 수준으로 올라가면 갈수록 더 어렵다고 느끼지만, 골프와 당구 역시 하면 할수록 더 어렵다고 느끼는 대표적인 종목이다. 기본적으로 골프와 당구가 어려운 이유는 매번 같은 골프장, 같은 구장에서 경기해도 똑같은 상황이 발생하지 않기 때문이다. 골프든 당구든 칠 때마다 공의 위치가 바뀌기 때문이다.

골프는 상급자로 갈수록 드로우, 페이드 등 상황에 따라 다양한 구질을 연습해야 할 뿐만 아니라 언듈레이션(undulation, 지형의 높고 낮음으로 주로 지형(공간)의 미적 표현 및 골프코스의 난이도 조절을 위해 형성한다)에 따라 그린을 공략하는 다양한 방법을 배워야 한다. 태양의 위치와 그린 주변 워터해저드(잔디는 수분을 좋아하기 때문에 물이 흐르는 방향으로 잔디 잎이 눕는다)에 따라 잔디결이 달라지는 것을 고려해 순결방향인지 역결방향인지 파악하는 것도 상급자 몫이다.

당구도 상급자로 갈수록 밀어치기, 끌어치기 등 다양한 구질을 연습해야 하고 나사지의 유분 상태에 따라 어떻게 테이블을 공략하는 것이 좋을지 배워야 한다. 당구는 습도에 민감한 종목이기 때문에 상급자일수록 장마철과 같이 계절이 바뀌는 환절기 시기를 고려해 경기를 펼친다.

누구와 함께 플레이하는지 역시 큰 변수다. 만만한 상대와 플레이할 경우는 없던 실력도 생기지만 상급자와 플레이할 경우 있던 실력도 사라진다. 샷 하기 전에 생각이 많아지면 몸이 굳어지고 미스 샷으로 이어질 확률이 커지는 것도 두 종목 간 공통점이다. 예를 들면 골프에서 어드레스가 길면 토핑이나 뒤땅이 많이 나고 당구에서는 당점을 잘못 조정하거나 큐미스를 할 확률이 높다. 하면 할수록 어렵다는 말을 골프와 당구에 한정 지을 수는 없을 것이다. 실제 골프와 당구뿐만 아니라 모든 스포츠가 상급자로 올라갈수록 더 신경 쓰고 더 가다듬어야 할 것들이 많아지기 때문이다. 그런데도 골프와 당구가 하면 할수록 어렵다고 느끼는 이유는 다른 종목에 비해 피지컬 능력이 절대적이지 않고 경기 중 자신이 통제할 수 없는 환경에 자주 노출되기 때문이다. 이런 이유로 많은 사람은 두 종목을 '죽을 때까지 끝없는 깨달음을 얻는 종목'이라고 표현하기도 한다.

여섯째. 24시간 전문 채널

현재 대한민국 골프 전문 방송사는 SBS GOLf, JTBC GOLf, PBA&GOLF 채널 세 곳이다. 이들 방송사를 중심으로 골프 중계가 이뤄지고 있다.

당구 역시 24시간 전문 당구 채널이 있다. 빌리어즈TV와 PBA&GOLF 채널이다. 과거 빌리어즈TV는 분데스리가, KBO리그, e스포츠 리그를 중계하는 스포츠 전문 채널이었으나 당구 시청률이 높게 나오는 것을 보고 2014년을 기점으로 채널 성격과 채널명을 바꾸며 당구 전문 채널로 거듭났다. PBA&GOLF 채널 역시 과거 골프채널이었으나 프로당구 출범 이후 당구에 대한 관심이 점차 높아지자 2021년부터 기존 골프 중계에 당구 중계를 추가했다. 이전 당구 종목은 주로 SBS스포츠, MBC스포츠플러스, 인터넷 방송 코줌 등에서 중계했다. 특이한 점은 빌리어즈TV가 현존하는 세계 유일의 24시간 당구 전문 채널이라는 사실이다. 전문 채널 존재는 곧 해당 종목의 중계권료 활성화를 의미한다.

세계 유일의 24시간 당구 전문 채널 빌리어즈TV

국내에서 가장 인기 있는 KLPGA 중계권료를 살펴보자. KLPGA 는 J골프&엑스포츠(2007~2009년), J골프&MBC ESPN(2010년), J골프&SBS골프(2011~2013년), SBS골프(2014~현재)로 중계 방송사를 옮기면서 2008년 기준 연간 2.5억 원이었던 중계권료를 2018년 기준 68억 원까지 성장시켰다. 10여년 만에 KLPGA 중계권료가 무려 26배나 껑충 뛴 셈이다. 2022년 SBS골프는 또 한차례 KLPGA중계권 계약(2023~2027년)을 따냈는데 연간 약 150억 원 상당의 중계권료를 제시한 것으로 알려졌다.

대한당구연맹은 2015년~2017년까지 빌리어즈TV와 3년간 중계권 계약을 체결했다. 연간 2억 5,000만 원으로 총 7억 5,000만 원의 당구 중계권 계약을 맺었다. 2020년에는 2020년~2023년까지 총 3년간 중계권료로 20억 원, 마케팅 독점권리금으로 7억 5,000만 원 등 총 27억 5,000만 원 상당의 계약을 체결했다. 중계권료 액수만 놓고 보자면 연간 6억 6천만 원 수준이다. 당구 중계권료는 2015년 대비 약 2.6배 성장했다. 이는 당구 종목 사상 최고 수준의 중계권료 계약이다. 골프 중계권료가 2008년 연간 2.5억 원 규모로 시작해서 2018년 기준 68억 원 수준으로 대폭 뛰었던 것처럼 당구 중계권료 역시 2015년 연간 2.5억 원 규모로 시작해 2020년 기준 6.6억 수준으로 큰 폭의 상승세를 그리고 있다.

전통적으로 스포츠와 미디어는 공생관계를 유지하며 발전했다. 골프와 당구 종목 역시 미디어와 상생을 통해 급격한 성장을 이뤄냈다. 여기에 최근 인터넷을 기반으로 하는 포털(네이버, 카카오 등)과 OTT서비스(넷플릭스, 쿠팡, 티빙 등) 급속한 성장세는 디지털 소비가 급증한 최근 시장 상황을 고려했을 때 골프와 당구 산업에 더 큰 수익을 안겨줄 것으로 예상한다.

일곱째, 미디어 친화력

전통적으로 스포츠와 미디어는 공생관계를 유지하며 발전했다. 방송사 입장에서는 시청률을 기초로 광고료를 산정하기 때문에 향후 어떤 스포츠가 인기 있을지 고민하며 중계권료 계약을 맺는다. 흔히 스포츠 인기를 가늠하는 척도로 현장에 얼마나 많은 관중이 몰리는가로 판단할 수도 있지만 시청률 조사기관이 제공하는 평균 시청률, 도달률 등 각종 데이터 수치로 해당 종목 인기를 가늠하는 것이 일반적이다. 방송사와 스포츠단체 간 중계권료 계약은 통상 4~6년 다년 계약 형태로 진행하기 때문에 각종 데이터를 근거로 신중하게 접근할 수 밖에 없다.

잠시 국내 주요 프로스포츠 평균 시청률을 살펴보자(참고로, 프로축구는 2020년 시청률 자료가 확인할 수 있는 최근 자료다).

2022년 프로야구KBO 평균 시청률은 0.798%이다. 22-23시즌 프로배구KOVO 평균 시청률은 0.92%, 2022년 여자프로골프KLPGA 시청률 0.467%, 22-23시즌 프로농구KBL 평균 시청률은 0.10%, 2020년 프로축구K리그1 0.12% 수준이다. 매해 종목별로 등락이 있기는 하지만 대개 최근 추세는 이러하다. 평균 시청률에 있어 KLPGA 선전이 눈에 띈다. 2018년 KLPGA 시청률은 0.42% 였는데 2022년 KLPGA시청률 0.467% 기록하며 LPGA투어 0.212%, KPGA투어 0.133%, PGA투어 0.059% 등 모든 골프투어를 압도한 것으로 나타났다(시청률만 놓고 보자면 프로배구KOVO 인기가 가장 높은 게 아니냐고 생각할 수도 있다. 하지만 한 시즌 배구가 약 126경기, 야구는 720경기에 달해 단순 시청률로 인기를 비교하는 것은 무리다).

스포츠 단체 입장에서는 해당 종목이 얼마나 미디어 친화적(시청률, 도달률, 중계시간 등)인가를 살펴보는 일이 중요할 수 밖에 없다. 미디어 관련 수치가 좋다면 이는 곧 미디어 커버리지를 확대할 수 있다는 가능성을 의미하고 미디어 노출이 커질수록 각종 스폰서 십 수익과 관중 동원으로 이어지는 선순환 구조가 완성되기 때문이다.

이런 측면에서 2019년 프로스포츠로 거듭난 프로당구가 보여준 '미디어 파워'는 결코 무시할 수 없는 수준이다. 2019년 출범한 프로당구투어의 채널별 평균 시청률은 2019년 기준 빌리어즈TV 0.21%, SBS SPORTS 0.2%, MBC 0.44%이다. 시청률만 놓고 보면 남자 프로농구나 프로축구를 훌쩍 뛰어넘는 수치며 여자프로골프 시청률과 맞먹는 수치를 기록했다. 참고로, 프로당구 결승전 시청률은 평균 1% 내외를 기록

중이다.

더욱더 놀라운 사실은 프로그램 도달률이다. 프로그램 도달률이란 특정 기간 한 번이라도 해당 종목 생중계를 시청한 오디언스(가구 수)를 비율로 나타낸 수치다. 예를 들어 특정 기간(1달) 동안 해당 종목 생중계에 한 번이라도 노출된 표적 오디언스 수(가구 수)를 10명 중 3명으로 친다면 비율로 30%가 된다. 프로당구는 22-23시즌 TV 중계 도달률 39.2%를 기록해 프로야구 51.3%에 이어 2위에 올랐다. 그 뒤로 프로농구 30.9%, 프로배구 29.6%, 프로축구 26.3%, 여자프로골프 20.2% 순이다.

생방송 중계 시간은 프로당구가 단연 압도적이다. 22-23시즌 기준 프로당구 생방송 시간은 2,956이다. 이는 프로스포츠를 통틀어 가장 높은 수치로 생방송 시간 2,504를 기록한 프로야구를 제쳤다.

프로당구가 시청률, 도달률, 생방송 중계 시간에서 단기간에 급성장할 수 있었던 이유로 코로나19를 꼽을 수 있다. 프로당구는 지난 코로나19로 인해 공백이 생긴 여러 프로스포츠 리그의 빈자리를 훌륭히 메우면서 급성장할 수 있었다. 23-24시즌 프로당구는 정규투어 10개 대회(월드챔피언십 포함)와 팀리그 6라운드(포스트 시즌 포함)로 구성되었다. 1개 대회당 평균 9일~12일 내외로 경기를 소화하는데 4개 방송사에서 100경기 이상을 라이브 중계할 정도로 방송 제작 콘텐츠 양이 많다. 당구 경기는 평균 2시간 내외인데 타 스포츠 중계가 갑자기 연기되거나 취소되었을 경우 그 빈자리를 신속히 대체할 수 있다는 점 역시 강점으로 작용했다(프로당구는 오전에 시작해 자정까지 대회가 이어지기 때문에 방송편성이 용이하다).

세상에 없는 당구

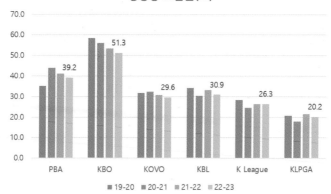

생방송 도달률(%)

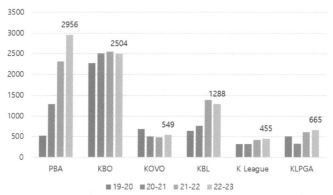

생방송 중계시간(hr)

※ Source: PBA TOUR 생중계 기준 / AGB NMR / 유료방송가구, National 기준

여덟째, 레슨 컨텐츠

골프와 당구의 시청 패턴을 분석하면 일반적인 스포츠 경기 시청 패턴과 다른 흐름이 보인다. 여타 스포츠 팬이 그러하듯 골프와 당구 팬 역시 누가 우승자가 될 것인지가 중요한 관심사이기는 하지만 시청에 절대적인 영향력을 미치지는 않는다.

"스포츠는 승패가 가장 중요한데 이게 갑자기 무슨 소리야?"라고 궁금증을 가질 수 있겠지만 골프와 당구는 매 순간 특별한 주의를 기울이지 않아도 경기를 관람하는 데 큰 지장이 없다. 두 종목 모두 습관처럼 중계 화면을 틀어 두고 다른 일을 하다가 잠시 고개를 돌려 "만약 나라면 저 상황에서 어떤 선택을 할까?"라고 자문하면서 시청하는 패턴을 발견할 수 있다.

골프 팬을 예로 들자면 "저 선수는 저 상황에서 6번 아이언을 잡는구나~"라며 스탠스, 테이크어웨이, 백스윙 크기 등을 유심히 살펴보는 식이다. 당구 팬을 예로 들자면 "나라면 이쪽 길을 선택했는데 저 선수는 이쪽으로 길을 보는구나~"라며 당점, 두께, 회전, 큐 스피드 등을 유심히 지켜본다.

골프나 당구 모두 경기 결과보다 상황에 따른 과정을 더 중요하게 생각하기 때문에 '레슨 컨텐츠' 역할을 겸하고 있는 셈이다. 이러한 이유로 두 종목의 재방송 시청률은 다른 스포츠 종목에 비해 월등히 높은 편이다. 일례로 2018년 6월 벨기에에서 열린 블랑켄베르크 월드컵 당시 생방송 평균 시청률은 0.373%, 최고 시청률은 0.569%를 기록했으나, 재방송에서 평균 시청률은 거의 변화가 없었고, 재방송 최고 시청률이 0.779%로 오히려 더 오른 것으로 집계됐다. 골프 대회 역시 이런 결과가 종종 연출된다. 지난 2020년 김아림 선수가 우승한 US여자오픈의 경우도 재방송 시청률이 본 방송 시청률보다 더 높았다. 당시 우승이 결정되는 최종라운드 시청률은 0.591%였고 재방송 시청률은 0.763%가 나왔다. 재방송 시청률이 높다는 사실은 그만큼 해당 종목이 콘텐츠로서 가치가 높다는 것을 의미한다. 라이브가 시청률에 절대적인 영향력을 미치는 타스포츠와 달리 골프와 당구는 경기 결과와 크게 상관없이 시청이 이뤄진다는 점에서 주목할 만하다.

아홉째, 프로화

골프에 프로가 있다는 사실은 이제 누구나 알고 있는 상식이다. 한국 남자프로골프는 1968년 프로화되었고 한국여자프로골프는 그보다 20년 뒤인 1988년 프로화되었다. 하지만 당구도 프로가 있다는 사실은 여전히 대중에게 낯설기만 하다.

당구 프로화 추진은 지금까지 총 여섯 차례 시도되었다. 90년대 후반, 2000년대 초반과 중반, 2010년, 2018년까지 다섯 번의 시도가 있었으나 모두 실패했고 2019년 여섯 번째 시도만에 프로화라는 결실을 맺는데 성공한다. 프로당구 출범은 대한민국 역사상 6번째 프로스포츠 종목이자, 첫 번째 글로벌 투어로 '의미'가 남다르다. 국내 스포츠 단체 대부분이 대한민국 Korea를 상징하는 K자를 맨 앞에 두는 데 반해 프로당구(PBA, Professional Billiards Association)는 K자를 과감히 생략하고 시작부터 글로벌을 지향한다. 대한민국을 넘어 전 세계를 대상으로 당구 종주국급 위상을 차지하겠다는 의지를 단체명에 담았다.

프로당구 공식 엠블럼Emblem

프로골프는 1, 2, 3부 리그가 운영되고 있다. 1투어에서 약 128~144명이 탄력적으로 뛰고 있는데 2부 투어와 3부 투어도 비슷한 규모의 선수들이 참가하고 있다. 프로골프 투어는 승강제 시스템으로 일 년에 대략 30명 내외 선수가 오르락내리락한다.

프로당구도 1부 투어를 운영하고 있다. 남자프로 선수 128명, 여자프로 선수 128명이다. 남자 선수로 구성된 프로당구 2부 투어에는 약 200명 선수가, 3부 투어에는 400여 명 선수가 뛰고 있다. 프로당구 투어는 승강제 시스템으로 일 년에 대략 60명 선수가 오르락내리락한다.

스포츠 종목이 프로화에 성공했다는 것은 마니아 스포츠에서 대중 스포츠로 거듭났다는 것을 의미한다. 당구가 프로화에 성공한 이후 탁구, 핸드볼과 같이 강력한 마니아층을 가지고 있는 스포츠 종목이 차례로 프로화 시대를 열었다. 스포츠는 다양한 종목 수만큼이나 다양한 매력을 가지고 있다. 다양한 영화와 음악이 우리 삶을 풍요롭게 만들 듯이 다양한 스포츠 종목이 프로화된다면 우리가 행복할 수 있는 선택지가 훨씬 넓어지지 않을까? 프로화를 통해 많은 스포츠가 대중에게 더 친숙하게 다가서는 계기를 마련했으면 한다.

열 번째, 명실상부 종주국

조재호 선수, 2014 터키 이스탄불 월드컵 우승

미국은 웬만한 동네마다 골프장이 있어 이동도 쉽고 비용도 저렴하다. 미국은 지역사회 내 탄탄하게 뿌리 내린 골프 인프라를 바탕으로 전세계 골프계를 주름잡고 있다. 미국을 골프 종주국급 위상으로 올려 놓은 PGA투어는 일 년에 40여 개가 넘는 대회를 미국을 포함해 전 세계에서 개최한다. 그런데 골프 발상지는 영국이다. 영국 역시 유럽을 기반으로 한 골프 투어(DP월드투어)를 운영하고 있으나 대회 상금이나 규모 면에서 PGA투어에 비할 바가 아니다. 영국에서 시작한 골프는 미국에서 화려하게 꽃피웠다. 미국은 골프뿐만 아니라 지구상에 존재하는 거의 모든 스포츠 종목을 상업화하는 데 성공했다. 유럽에서 절대 우위를 점하고 있는 축구를 제외하면 거의 모든 종목에서 세계 최고 수준의 팀과 선수를 보유하고 있다. 매해 대형 스포츠 이벤트가 끊기지 않는 미국은 유소년 시절부터 여가 활동으로 스포츠를 즐기는 문화가 자리 잡았기 때문에 스포츠 전 종목에서 세계 최고 스타와 유망주를 쏟아진다. 선수단 관리부터 시작해 구단 운영, 스폰서 십 등 스포츠 산업 전반에 거쳐 탄탄한 산업 인프라를 구축했다. 미국이 '스포츠의 천국'이라는 찬사를 받는 건 결코 과하지 않은 표현이다.

그런데 대한민국 여자골프와 당구는 적어도 실력과 인프라 측면에서 미국의 아성을 무너뜨릴 위치에 있다고 해도 과언이 아니다. 먼저 대한민국은 두 종목에 있어서 세계 최정상급 선수를 다수 보유했다. 여자골프는 지난 2019년 10월 세계랭킹 1, 2, 3위를 동시에 배출할 정도로 막강한 실력을 자랑한다. 2016년 올림픽에서는 박인비 선수가 금메달을 따기도 했다. 지금까지 LPGA 무대를 밟은 선수는 대략 40명 내외로 지금도 수많은 한국 선수가 LPGA 무대에 진출하고 있다. 그런데 최근 여자 프로골퍼들에게 변화가 생겼다. LPGA투어 시드를 획득해도 이전만큼 미국 진출에 적극적이지 않다는 것이다. 국내 여자 프로골퍼가 해외 진출을 꺼리는 가장 큰 이유는 국내 KLPGA 위상이 최근 몇 년 사이 크게 올라갔기 때문이다. 2019년 기준 KLPGA 상금랭킹 1위 최혜진 선수

총상금은 12억 700여만 원이다. 2위 장하나는 11억 5,700여만 원이다. LPGA 상위 랭커와 비교해도 크게 떨어지지 않는다. 2019년 김효주 선수는 LPGA 상금랭킹 10위로 1,290,734달러(약 16억 8천만 원)를 벌었다. 땅덩이가 큰 미국에서는 항공, 교통, 숙박 등 제반 비용이 많이 들어가기 때문에 많이 벌어드린 만큼 많이 쓰는 구조다. 국내 투어가 대회 상금이나 규모 면에서 급성장하자 많은 대한민국 여자 프로골퍼들은 가족과 친구와 함께 보다 편안한 분위기에서 경기할 수 있는 국내 무대를 미국 무대와 대등한 위치에 두고 저울질하게 되었다. 최근 KLPGA는 동남아시아를 중심으로 외국인 선수에게 문호를 확대 개방하며 더 큰 스포츠 단체로의 도약을 꿈꾸고 있다. 현재 대한민국 골프장은 500여 개, 골프 연습장 수는 대략 10,000개에 이르는데 이는 단순히 숫자만 놓고 보더라도 엄청난 수치가 아닐 수 없다.

영국왕실골프협회 R&A에서 발간한 Golf Around the World 2021에 따르면 대한민국 골프장은 코스 기준 810개로 전 세계 8위 규모인 것으로 나타났다. 국가 면적 대비 골프장 숫자를 비교하면 우리나라 순위는 영국, 일본에 이어 3위로 올라간다.

여기에 도심지역을 중심으로 성장한 스크린 골프는 골프 시장 전체 성장을 견인하는 새로운 동력으로 자리 잡았다. 국내 골프 동호인은 약 1,176만 명 수준이다.

대한민국 당구 역시 세계 최정상급 선수를 다수 보유했다. 당구는 2019년 2월 대한체육회 등록 당구 선수 기준 세계당구연맹(UMB) TOP 50위 중 한국 선수 8명이 포함되어 있을 정도다. 2019년 5월 프로당구 투어가 공식적으로 출범하면서 수많은 당구 선수가 프로 전향을 선언했다. 프로 원년부터 함께한 쿠드롱(벨기에), 강동궁(한국), 레펜스(벨기에), 마르티네스(스페인), 필리포스 카시도코스타스(그리스) 등 세계적인 선수를 비롯해 2021년 조재호(한국), 스롱 피아비(캄보디아), 2023년 다니엘 산체스(스페인), 최성원(한국), 이충복(한국), 세미 세이그너(튀르키예), 무랏 나시 초클루(튀르키예), 루피 체넷(튀르키예) 등이 잇따라 프로 진출을 선언했다.

스페인 당구 전설 다니엘 산체스(좌), 튀르키예 매직 세미 세이기너(우)가
23-24시즌 프로무대 진출을 선언했다

　프로당구는 남자투어 기준 128명 중 외국인 선수 비중이 약 25% 내
외로 벨기에, 스페인, 네덜란드, 독일, 튀르키예, 그리스, 콜롬비아, 덴마
크, 프랑스, 미국, 멕시코, 베트남, 일본 등 14개국 선수가 프로당구 무대
에서 활약 중이다. 국내외 세계적인 선수들이 프로당구 무대에서 활약하
는 건 더는 이상한 일이 아니게 됐다. 한국은 당구 발상지는 아니지만 3쿠
션 종목에서 강점을 내세워 세계 최초 프로화에 성공했다. 대한민국에서
시작한 프로당구는 세계적인 프로단체로 차근차근 명성을 쌓아 나가고
있다. 대한민국은 당구장 2만 5,000개에 동호인만 1,200만 명 수준으로
적어도 캐롬 종목에 있어서는 세계 그 어떤 나라보다 탄탄한 인프라와
시설을 보유하고 있다.

　대한민국이 스포츠 대국 미국에 필적할 만한 스포츠 단체를 만든다는
건 여전히 꿈만 같은 일이다. 하지만 뛰어난 실력과 인프라를 갖춘 두 종
목을 중심으로 긍정적인 변화가 감지되고 있다. 과거 '아메리칸 드림'을
꿈꾸며 전 세계로 향했던 스포츠 스타가 '코리안 드림'을 꿈꾸며 대한민
국으로 향하는 그날이 오길 기대한다.

열한 번째, 비싸다

골프가 비싸다는 인식은 당연하게 받아들여지지만, 당구도 골프 못지 않게 많은 비용이 들어간다는 사실에 많은 사람이 의문을 제기할 것이다. 지금부터 왠지 느낌상 만만해 보이는 당구의 사치스러운 면모를 파헤쳐 보자.

골프를 치기 위해 타이틀리스트나 테일러메이드 등 웬만한 골프용품 풀 세트를 구매하려면 브랜드마다 차이가 있겠지만 대략 3백만 원 가까운 비용이 들어간다. 기본적인 골프용품 풀 세트는 드라이버 1개, 우드 2개, 아이언 세트 6개, 웨지 2개, 퍼터 1개 정도로 구성할 수 있다. 그런데 당구를 치려면 당구 큐대 한 자루만 있으면 되기 때문에 언뜻 생각했을 때 비용이 많이 들지 않을 것 같다. 만약 그렇게 생각한다면 지금 당구 관련 사이트를 검색해 아담 무사시, 롱고니, 한밭과 같은 당구 브랜드 큐 가격을 살펴보자. 당구 큐대 역시 브랜드마다 차이가 있겠지만 쓸만한 큐대 한 자루 가격은 3백~5백 만 원 이상을 호가한다.

강동궁 선수가 예능 프로그램에 출연해 자신의 큐대 가격에 대해 이야기하고 있다

헐크라는 별명을 가지고 있는 강동궁 선수는 동네 당구라는 당구 예능 프로그램에 출연해 자신의 큐가 2천 7백만 원이라고 밝힌 바 있다. 놀

랍지 않은가? 드라이버 1개, 우드 2개, 아이언 세트 6개, 웨지 2개, 퍼터 1개를 모두 포함해 3백만 원 선이면 살 수 있는데 큐 한 자루가 5백만 원을 훌쩍 넘기다니 상식적으로 이해가 잘되지 않는다. 골프 장비 중 최고가 브랜드에 속하는 PXG와 비교해도 최고가 당구 큐 앞에서는 명함도 내밀 수 없는 처지다. 골프를 즐기기 위해서는 골프 클럽 외 각종 액세서리(보스턴백, 골프화, 골프 볼, 장갑, 파우치 등)를 사야 하는데 당구 역시 마찬가지다. 당구도 제대로 즐기기 위해서 많은 액세서리(팁, 초크, 글러브, 그립, 익스텐션 등)가 필요하다. 그런데 이 또한 가격이 만만치 않다.

레슨비 또한 상당히 비싼 편이다. 현재 당구는 골프에 비해 레슨 시장이 활성화되지 않았지만, 당구 레슨비는 A급 선수한테 받을 때 한 달 기준 40만 원 정도 들어간다. 일주일에 2~3번, 회당 2시간 정도 레슨을 받는데 한 시간 기준으로 15분 레슨, 45분 연습으로 구성된다. B급 선수에게 레슨을 받을 때는 한 달 평균 20~30만 원 비용이 들어간다. 이 정도면 귀족 스포츠라 불리는 골프와 얼추 비슷한 수준이다. 당구 시장이 좀더 활성화된다면 지금보다 가격이 떨어질 수 있지만 이쯤 되면 당구가 서민들의 스포츠라는 사실이 무색하게 느껴질 정도다.

열두 번째, 마니아 활성화

"혹시 골프 치세요?" 처음 만난 사람과 공감대를 형성하기 위해 인사말 대신 건네는 말이다. "혹시 당구 치세요?"라고 묻는 경우는 드물지만, 프로당구 위상이 높아진다면 당구를 취미로 하냐는 질문을 인사말로 건네게 되지 않을까? 골프를 취미로 하면 느껴지는 자부심이 당구에도 생긴다면 당구는 지금보다 더 큰 성장을 이루어 냈다고 당당히 말할 수 있을 것이다.

골프와 당구는 확실한 마니아층이 존재한다. 국내 여러 자료를 종합해 보자면 국내 골프 인구는 대략 1,176만 명, 국내 당구 인구는 대략 1,200만 명 수준이다. 2023년 대한민국 인수 구는 약 5천 1백만 명 정도인데 정말 많은 사람이 골프와 당구를 즐기고 있는 것을 알 수 있다. 골프와 당구를 얼마나 많은 사람이 즐기고 있는가는 전국에 있는 골프 관련 시설과 당구장 수를 비교해 보면 금방 알 수 있다. 2023년 기준 전국에 있는 편의점 수는 약 5만 개 수준인데 이를 골프 관련 시설과 당구장에 비교해 보자. 전국에 있는 골프 관련 시설은 골프장과 실내외 연습장을 포함해 대략 1만 개이고 전국 당구장 수는 약 2만 5천 개 수준이다. 골프 관련 시설은 전국 편의점 대비 1/5수준, 당구장은 전국 편의점 대비 1/2 수준임을 알 수 있다. 골프와 당구가 우리 삶에 얼마나 밀접하게 연관되어 있는 지 알 수 있는 대목이다.

이 글을 읽고도 여전히 이와 같은 사실이 믿어지지 않는다면 당장 밖에 나가서 주변을 살펴보길 바란다. 자신의 주변에 이렇게나 많은 골프 시설과 당구 시설이 있었다는 사실을 재발견하게 될 것이다.

열세 번째, 파생 시장 존재

골프와 당구가 타 스포츠 종목 대비 가장 두드러진 특징을 보이는 분야가 파생시장이다. 2019년 기준 국내 골프 시장 규모는 12조 9,993억 원이다. 골프를 직접 치거나 관람하는 본원 시장이 약 5조 2,137억 원 (40.1%) 규모이며, 골프용품, 골프장 운영, 시설관리 등 파생시장이 약 7조 7,856억 원(59.9%)으로 나타났다(유원골프재단, 2020 골프백서 기준).

당구 시장 규모는 약 2조 2,000억 원 규모다. 당구 역시 당구장을 이용하는 본원 시장이 대략 2조 원 규모를 형성하고 있다. 당구용품, 유통업, 창업 컨설팅사 등 파생시장은 약 2,000억 원 규모다(프로당구협회, 2019 당구산업현황 기준).

프로스포츠 종목이 흥행에 성공하고 성장 가도를 달리기 위해서는 파생 시장이 뒷받침돼야 한다. 오늘날 골프가 급성장을 이루게 된 배경에는 골프를 직접치거나 관람하는 핵심 고객층이 골프용품을 사거나 관련 시설을 이용하는 비중이 높았기 때문이다. 단순히 눈으로 즐기는 관람형 스포츠에 그치지 않고 몸으로 즐기는 체험형 스포츠 팬이 많아질 때 해당 스포츠 산업의 지속 가능성을 보장받을 수 있다.

이런 측면에서 대한민국에서 가장 인기 있는 프로야구는 아직 관람형 스포츠에 머물러 있는 것이 현실이다. 내가 좋아하는 야구 경기를 하기 위해 야구 글러브, 공, 방망이를 사러 야구 용품 매장을 방문하고 공원마다 야구를 즐기는 사람이 눈에 띄게 많아질 때 대한민국 프로야구는 지금보다 더 큰 도약의 기회를 맞이할 수 있을 것이다. 당구는 야구와 반대다. 당구는 아직 체험형 스포츠에 머물러 있다. 현재 프로당구 최대 고민은 실제 당구를 즐기는 사람이 어떻게 하면 경기장을 찾게 만드는가이다. 당구는 체험형 스포츠에서 관람형 스포츠로 거듭나야 하는 과제를 안고 있다. 이 과정에서 큐, 의류 등 당구 관련 용품 사업이 활성화되기를 기대한다. 결국 본원 시장과 파생 시장이 상호 조화를 이룰 때 프로스포츠로서 성공할 수 있는 필요충분조건이 완성되는 셈이다.

열네 번째, 남녀노소 누구나

골프와 당구는 남녀노소 누구나 즐길 수 있다는 공통점이 있다. 두 종목 모두 체력과 체격에 크게 구애받지 않는다. 골프와 당구처럼 유소년, 청년, 중장년, 노년까지 즐길 수 있는 스포츠는 흔치 않다. 골프용품 사상 최대 이벤트인 제59회 PGA Merchandise Show에서 골프계 전설 잭 니클라우스가 골프 2.0 Plan을 발표했다. 골프 2.0 Plan의 핵심은 주니어, 여성, 시니어를 위한 'Player Development Game Plan'이다. 다양한 방법을 통해 골프를 즐길 방법을 개발하고 다양한 연령대 골퍼를 키우겠다는 전략이다. 주니어, 여성, 시니어를 콕 집어 언급한 점이 인상적이다. 최근 골프는 MZ세대를 넘어 주니어 시장으로 재편되고 있는데 골프보다 놀이에 초점을 맞춘 스내그 골프는 골프를 처음 접하는 어린아이들에게 큰 인기를 끌고 있다. 알록달록한 색상의 공과 벨크로(찍찍이) 소재를 적극 활용한 미니 골프로 골프룰에 대한 이해를 자연스럽게 높일 수 있도록 고안했다.

당구 역시 '동호인' 공략으로 재도약을 꿈꾸고 있다. 당구는 2020년

문화체육관광부와 대한체육회가 주최, 주관하는 '스포츠클럽 디비전' 제도를 도입했고, 축구에 이어 두 번째로 스포츠클럽 디비전에 선정되었으며, 2023년 기준 4회째를 맞고 있다. 스포츠클럽 디비전에 당구 종목이 선정된 것은 당구가 리그 구성에 적합한 인프라를 충분히 갖추었음을 의미한다. 다만 당구는 아직 유소년이 즐길 수 있는 시설이 많이 부족하다. 기존 당구대 사이즈는 중대, 대대 위주로 구성되어 있는데 유소년이 이를 사용하기에 너무 크고 높다. 유소년 당구 큐대 또한 전무한 상황이어서 어린이가 당구를 즐기기 위해서 성인 당구 용품을 잘라서 써야 하는 상황이다. 당구가 지속해서 발전하기 위해서는 유소년을 위한 소대 시장과 용품 시장은 물론 당구를 접목한 다양한 놀이 개발이 필요하겠다.

프로당구 패밀리데이 이벤트 행사 전경

세상에 없는 당구

이상으로 골프와 당구 닮은 점 14가지에 대해 살펴보았다. 골프 산업에서 오래 일하다 보니 자연스럽게 당구 관련 일을 하면서도 골프 분야의 다양한 사례를 참고하는 경우가 많다. 하지만 골프 마케팅은 골프 마케팅이고 당구 마케팅은 당구 마케팅이다. 당구가 골프와 비슷하기에 골프처럼 당구가 성공할 수 있으리라 생각하지 않는다. 프로당구 관련 마케팅 전략을 세울 때 두 종목에 대한 공통점만큼이나 차이점도 명확하게 인식하며 균형감을 잃지 않으려 노력한다. 양 종목을 모두 경험한 사람으로서 한 가지 바람은 과거 '귀족 스포츠'라는 오명에도 불구하고 골프가 대중화의 길을 걷고 있는 것처럼 우리 당구 역시 과거 '불량배 스포츠'라는 오명을 씻어내고 우리 곁으로 더 친근하게 다가왔으면 한다.

02

당구판을 뒤집다

② 쿠션

당구판을 뒤집다

2-1 당구는 스포츠일까? 레저일까?

과거 속에 미래가 있다! 역사는 현재를 비추는 거울이고, 미래의 길을 제시하는 나침반이다.

*사마천 '술왕사(述往事), 지래자(知來者)'

기존 관습을 버리고 새로운 질서를 만들어 내기 위해서 가장 먼저 시작한 일은 오늘날 당구계가 처한 상황과 위치를 파악하는 작업이었다. 당구의 과거와 현재를 살펴보면서 미래 당구에 대한 통찰을 얻고자 했다.

프로화 이전까지 당구는 미디어를 통해 부정적인 요소(흡연, 도박, 음주, 욕설, 복장 등)가 크게 부각되면서 당구장 자체가 유해시설로 분류됐다. 하지만 지난 2017년 12월 3일부터 당구장이 금연 구역으로 지정됨에 따라 당구장에 대한 대중 인식이 크게 개선되었다. 2019년 6월에 첫 대회를 연 프로당구 출범도 당구 이미지 개선에 큰 역할을 했다. 이러한 분위기 속에 지난 2020년 11월 교육부는 학교 주변에서도 당구장 영업을 할 수 있도록 허가하는 교육환경 보호법 개정안을 국회에 제출했다. 그간 학교 출입문으로부터 50m 지역은 학생 절대 보호구역, 학교 경계 직선거리 200m까지는 상대 보호구역으로 지정되어 있었는데 이제 학교 주변에 당구장을 설치할 수 있는 길이 열린 셈이다.

현재, 당구는 2030년 아시안 게임 정식 종목으로 채택될 정도로 대외적인 위상을 높여 가고 있는데 아직까지 당구를 향한 대중들의 시선이 곱지 않은 것이 현실이다. 당구의 대외적인 위상과 실제 인식 사이에는 여전히 커다란 격차가 존재한다. 지금부터 우리가 미처 알지 못했던 당구에 대해 제대로 알아보자. 당구는 과연 스포츠인가라는 질문으로 시작해 보겠다.

★ 벨기에 국기 '당구' 유럽에서는 고급 스포츠로 인식

최근 들어서야 부정적인 이미지를 조금씩 벗겨내고 있는 대한민국 당구와 달리 당구의 본고장인 유럽에서는 당구가 전혀 다른 이미지로 자리 잡고 있다. 유럽에서 당구는 귀족들이 즐겼던 스포츠이고 현재까지도 귀족 스포츠로서의 위상을 가지고 있다. 당구 황제 프레드릭 쿠드롱을 배출한 벨기에는 1940년대에 세계당구연맹World Billiards Union이 출범하여 당구가 국기(國技)로 채택될 정도로 인기가 좋다.

대한민국 당구는 일본을 통해 19세기 말에서 20세기 초 들어왔다. 한국에 머물던 외국인 회고록을 보면 서울 정동 외국인 사교클럽에서 당구가 유행했다는 기록이 남아 있고 조선 순종 황제가 옥돌로 만든 당구대에서 당구를 즐겼다는 문헌이 남아 있다. 이후 대한민국 당구는 6·25 전쟁 후 사회가 안정되고 농촌 인구가 대거 도시로 몰리면서 서울, 부산, 대구, 인천 등 대도시를 중심으로 급성장하게 된다. 기후나 날씨와 상관없이, 자투리 시간을 활용해 좁은 공간에서도 간편하게 즐길 수 있는 당구만의 장점이 도시화와 더불어 크게 부각된 것이다.

★ 당구 테이블 천색이 녹색인 이유

당구에 대한 정확한 기원은 밝혀지지 않았지만, 많은 학자는 당구가 맨땅이나 잔디에서 망치나 막대기로 공을 치는 야외 게임에서 실내 게임으로 진화했다고 말한다. 지금은 파란색, 빨간색 등 다양한 테이블 천색을 사용하지만 과거 테이블 천색이 녹색인 이유도 당구가 잔디에서 공을

치면서 진화한 야외 게임이었기 때문이다. 실제 당구대가 개발된 이후에
도 당구는 야외 경기로 진행했다. 시간을 거슬러 올라가 맨땅이나 잔디
에서 막대기로 공을 치면서 놀았던 사람들의 모습을 떠올려 보자면 오늘
날 귀족 스포츠로 불리는 골프나 서민 스포츠로 자리 잡은 당구가 사실
가까운 친척뻘 정도 되는 관계이지 않았겠느냐는 상상을 해 본다.

프랑스 루이 11세(재위, 1461~1483)가 최초의 실내 당구대를 만든 사건
은 매우 유명한 일화다. 이후 당구는 프랑스 왕과 귀족을 중심으로 큰 인
기를 끌었다. 특히, "짐이 국가다"라며 절대 권력을 과시하던 루이 14세
가 당구를 즐겨치자, 프랑스를 비롯한 유럽 여러 국가에서 당구가 큰 인
기를 끌게 되었다. 이런 이유로 많은 당구 용어가 프랑스어를 기반으로
하고 있다. '당구Billiards'도 나무 막대기 중 하나인 'billart' 또는 공을 의
미하는 'bille'라는 프랑스어에서 비롯되었으며 우리가 맛세이라고 부르
는 세워치기 기술 역시 프랑스어 massé(마세)에서 온 말이다.

김가영 선수가 찍어치기 기술을 선보이고 있다

세상에 없는 당구

당구가 오늘날 모습을 갖추게 된 계기는 14세기 영국과 유럽에서 성행하던 크리켓 경기를 실내에서 할 수 있도록 개량한 것과 16세기 프랑스에서 찰스 9세 왕실 예술가였던 엔리케 드 비니(Henrique De Vigne)가 고안한 것을 시초로 본다.

초기 당구대는 커다란 평판이었고 큐도 굽은 막대 또는 금속 막대였다. 유럽에서는 공끼리 맞게 하여 점수를 매겼고, 영국은 당구대 위에 아치 모양의 문을 만들어 두거나, 양 끝에 구멍을 만들어 그 속에 공을 맞혀 넣는 포켓 게임이 성행했다. 당구 인기와 더불어 당구용품도 발전에 발전을 거듭했다. 대표적으로 초크는 1818년 공의 미끄럼을 방지하기 위해 개발되었고 당구대 가장자리 고무 쿠션(댐방)은 1837년 공의 회전이 원활하기 위해 개발되었다. 상아로 만들던 당구공은 1869년 공의 마모와 변형을 막기 위해 플라스틱 재료로 바뀌었다. 재미있는 사실은 당구가 플라스틱을 발명하는 계기 중 하나였다는 점이다.

당구는 14세기부터 영국, 프랑스 등 유럽을 중심으로 끈 인기를 끌었는데 당시 당구공은 아프리카코끼리, 인도코끼리 상아로 만들었다. 당구 인기가 높아진 19세기에 들어 상아 공급이 당구공 수요를 따라잡을 수 없게 되자 당구대 제작 회사를 운영하던 미국인 마이클 펠란Phelan이 1863년 상아를 대체하는 재료를 발명하는 사람에게 1만 달러를 주겠다며 뉴욕 타임스에 광고를 냈다. 이에 수많은 발명가가 앞다퉈 신소재를 활용한 당구공 개발에 나섰다. 오늘날 플라스틱으로 당구공을 만들게 된 배경이다.

★ 당구라고 다 같은 당구가 아니다

당구 종목은 크게 캐롬, 포켓, 스누커 3가지 종목으로 나눌 수 있다.

캐롬은 우리에게 3구, 4구로 널리 알려졌다. 3구라 불리는 3쿠션은 수구가 제1적구와 제2적구를 모두 맞히기 전에 3번 이상의 쿠션을 맞추어야 점수가 인정된다. 2019년 프로화를 선언한 당구 종목이 바로, 이 캐롬 종목이다. 캐롬 종목은 우리나라를 비롯해 베트남, 그리스, 튀르키예, 벨기에, 네덜란드 등에서 인기가 좋다.

포켓은 미국 여자 포켓볼을 휩쓴 재미교포 2세 자넷 리 덕분에 우리나라에 널리 알려졌다. 이후 대한민국 포켓볼은 김가영, 차유람과 같은 세계적인 스타를 배출하면서 90년 중반 전성기를 맞았다. 포켓은 포켓볼 또는 풀(pool)이라고도 부른다. 당구대의 네 모서리와 긴 쪽의 쿠션 중앙에 하나씩 모두 6개의 구멍(포켓)이 있는 당구대에서 큐볼과 표적구 15개를 가지고 진행한다. 경기 방식은 1번 공에서 번호순으로 구멍에 공을 쳐서 점수가 61점이 되면 이기는 경기다. 포켓볼 종목은 미국, 독일, 중국, 대만 등에서 인기가 좋다.

스누커는 1975년 영국 장교 네빌 체임벌린Neville Chamberlain이 군 복무 중 놀거리를 만들기 위해 고안했다. 1919년 영국당구연맹이 창립되고 스누커 규칙이 제정될 정도로 영국에서 특히 인기가 좋다. 3개 당구 종목 중 가장 인기가 좋아 23-24시즌에만 총 23개 대회가 열린다. 당구 종목 통틀어 가장 성공적으로 프로화에 안착한 만큼 상금 규모도 크다. 시즌당 총상금 규모가 약 250억~300억 원 수준이다. 포켓 게임을 하는 당구대에서 큐볼 1개와 각각 다른 점수를 표시한 표적구 21개를 가지고 진행하는데 숫자가 더욱 큰 공을 포켓에 집어넣어 승부를 겨루는 방식이다.

현재, 전체 당구 시장은 스누커 65%, 포켓 25%, 캐롬 10% 비중을 차지한다(프로당구협회, 2019 당구산업현황 기준).

★ 당구 월드컵, 세계선수권 대회

당구 종목도 월드컵과 세계선수권 대회가 있다. 세계캐롬연맹UMB에서 주최하는 대회다. 코로나19가 전 세계를 덮치기 직전인 2019년 기준 월드컵 7회, 세계선수권 1회, 세계 여자선수권 대회 1회, 주니어 선수권 대회 1회가 열렸다. 그 밖에 이벤트 대회로는 LG U+컵, 서바이벌 3

쿠션 마스터즈, 로잔 마스터즈, 맥클리 챔피언 오브 챔피언스, 상리 인터내셔널 3쿠션 오픈 등이 있다. 대한민국은 3쿠션 강국인데 세계캐롬연맹 UMB랭킹 50위권 기준으로 10여 명 내외 한국 선수가 꾸준히 활동 중이다. 대한민국은 2017년과 2018년 세계팀3쿠션선수권 대회에서 연속 우승을 차지하기도 했다. 2017년에는 최성원과 김재근 선수가 호흡을 맞춰 우승을 일궈냈고 2018년에는 최성원과 강동궁 선수가 전반전 11점 차 열세를 극복하며 후반전 대역전승을 이끌어 냈다. 2018년 포르토 3쿠션 월드컵에서는 최성원, 허정한, 조치연, 최완영 4명의 선수가 8강에 진출하는 쾌거를 이뤄내기도 했다. 유럽 선수가 득세하는 환경에서 대한민국 당구의 저력을 전 세계에 과시한 값진 결과가 아닐 수 없다.

★ 2030년 아시안게임 정식종목 '당구'

당구 종목이 2030 도하 아시안게임 정식 종목으로 채택되었다

당구는 아시안게임과 실내 무도 아시아경기대회, 동아시아게임 등에서 정식종목으로 채택되었다. 현재 당구가 정식종목으로 채택된 가장 권위 있는 대회는 아시안게임이다. 지금까지 1998 방콕, 2002 부산, 2006 도하, 2010 광저우, 총 4번 아시안게임 정식종목에 채택되었다. 하지만

2010년 광저우 아시안게임을 마지막으로 경기종목에서 제외되었다. 그런데 2030년 도하 아시안게임에서 당구가 정식종목에 재진입했다. 당구 종목이 아시안게임에 자주 모습을 드러낸 만큼 올림픽 입성도 더 이상 꿈이 아니게 됐다. 당구는 대규모 공식 대회와 규칙을 갖추고 있고 남녀 공동 참여가 가능하다는 점에서 올림픽 종목 선정 자격을 갖춘 상태다. 프로 출범 이후 대중적 인기를 더해가고 있는 당구가 과연 어느 시점에 올림픽 무대에 모습을 드러 낼지 관심이 집중된다. 현재 프로당구 무대에서 뛰고 있는 황득희 선수는 2002년 부산 아시안게임 3쿠션 종목 정상에 올라 우리나라 최초이자 마지막 아시안게임 금메달리스트라는 타이틀을 가지고 있다. 제2의 황금기를 맞은 대한민국 당구가 2030년 또 하나의 값진 성과를 이뤄낼 수 있을 지 관심이 집중된다.

시상대에 오른 캐롬 3쿠션 메달리스트
왼쪽부터 은메달 이상천, 금메달 황득희, 동메달 시마다 아키오(일본)

세상에 없는 당구

프로당구 팀리그 에스와이 바자르 팀에서 뛰는 황득희 선수가 샷을 시도하고 있다

★ 훌륭한 인프라 대비 부족한 전문 인재 양성 기관

당구계 4대 천왕으로 불리는 프레드릭 쿠드롱, 다니엘 산체스 선수, 토브욘 브롬달 선수는 국내 언론사 인터뷰 통해 한국 당구장 수에 대한 놀라움을 여러 차례 표시했다. 특히, 프로 출범부터 함께한 프레드릭 쿠드롱은 "골목마다 당구장이 있는 한국이 너무 놀랍다"며 수차례 부러움을 표했다. 그는 "한국 선수는 전체적으로 너무 잘한다"며 "해외에서 경기할 때는 누가 누군지 다 아는데 프로당구 무대에서는 끝도 없이 잘 치는 선수가 나와 당황스럽다"고 말하기도 했다.

하지만 훌륭한 당구 인프라와 달리 한 가지 아쉬운 점을 꼽자면 전문 교육기관 부재다. 지난 2021년 3월 우승상금만 3억이 걸린 월드챔피언십에서 우승한 스페인 출신 다비드 사파타는 우승 비결로 스페인 당구 전문학교를 꼽았다. 현재 프로당구 무대에서는 다비드 사파타 외 다비드 마르티네스, 하비에르 팔라존, 안토니오 몬테스, 이반 마요르 등과 같은 젊고 유망한 스페인 당구 선수들이 대거 합류해 좋은 성적을 거두고 있는데 이들 모두 유소년 시절부터 체계적으로 당구를 배웠기 때문에 가능한 일이다. 현재 스페인은 나라에서 정책적으로 당구 선수를 육성하기 때문에 좋은 선수가 지속적으로 나올 수 있는 구조를 가지고 있다. 이에 반해 세계 최고 수준의 경기력과 인프라를 보유한 대한민국은 아직 전문적인 교육기관이 전무한 상태다. 당구 레슨도 체계적이라기보다 개인 레슨 수준에 머물고 있어 아쉬움이 남는다. 어려서부터 체계적으로 당구를 배우고 대대를 경험한 선수가 프로 무대에서 유리하다는 사실은 두말한 나위가 없다. 국제 경쟁력을 보유한 대한민국 당구가 미래 스포츠 산업을 선도하는 핵심 자원으로 성장하기 위해서 정책적 지원이 필요한 시점이다.

★ 당구는 신체적, 정신적, 사회적 측면에서 긍정적이다

당구에 관한 해외에 재미있는 연구 결과가 있다. 당구를 즐기는 사람은 위기 속에서 당황할 가능성이 작으며, 위기 상황에서 다른 사람이 패닉 상태에 빠져 있는 동안에도 논리적으로 생각할 수 있는 능력을 갖추고 있기 때문에 생존 확률이 높다고 한다. 고작 당구 치는 것 하나 가지고 너무 거창한 결론에 도달한 게 아니냐고 이야기를 할 수 있겠지만 당구가 짧은 시간 동안 고도의 집중력을 통해 결과를 만들어 내는 과정의 연속이라는 측면에서 납득할 만하다.

흔히 당구를 치면 얻는 이점으로 대개 아래 3가지를 꼽는다. 신체적, 정신적, 사회적 이점이다.

첫째로 신체적 이점이다. 코펜하겐 대학은 최근 연구를 통해 당구 경기가 노화를 방지하는 데 도움이 된다고 밝혔다. 당구를 치려면 고도의 집중력과 더불어 공 배치에 따라 여러 근육을 사용하게 되는데 이를 통해 노화 과정을 방지할 수 있다는 것이다. 만약 1시간 동안 당구를 친다면 대략 300Kcal 정도의 열량이 소모되며 약 35g 정도 체지방을 감소할 수 있다고 한다. 당구는 특히, 비만이나 근골격계 질환으로 운동강도가 높은 신체 활동에 참여하기 힘든 사람에게 이상적인 운동이라 할 수 있다. 무엇보다 격렬하거나 과격한 신체 활동이 필요하지 않기 때문에 부상의 위협에서 자유롭다는 것이 가장 큰 장점이다. 세계보건기구WHO는 당구가 두뇌활동을 증가시키는 만큼 고령화 정책 프로그램에 당구가 포함되어야 한다고 언급하기도 했다.

둘째로 정신적 이점이다. 당구 경기 중 눈 앞에 펼쳐진 난구를 차근차근 풀어가다 보면 일상생활에서 쌓인 스트레스가 풀리곤 한다. 고점자로 올라갈수록 기술이 향상되고 이 과정에서 자존감과 자신감이 향상되는 것을 경험할 수 있다. 당구는 물리학과 기하학이 응용되는 스포츠로 알려졌다. 다양한 측정과 계산을 통해 결정을 내리기를 반복하게 되는데 약간의 오차로 성패가 갈리기 때문에 정확한 계산 능력이 필요하다. 상황마다 최상의 선택을 해야 확률이 높아지고 경기에서 승리할 수 있게 된다. 이러한 능력은 앞서 설명한 대로 위기 상황에서 탈출하는데 도움이 될 뿐만 아니라 일상생활에서 행하는 여러 가지 의사결정 상황에도 도움을 줄 수 있다.

셋째로 사회적 이점이다. 당구는 순간의 선택이 경기 내내 발목을 잡을 수 있기 때문에 감정 절제가 필수다. 이 과정에서 상대방에 대한 존중과 배려가 함께 이뤄져야 한다는 측면에서 사회성 형성에 도움이 된다. 온갖 자극적인 콘텐츠가 판치는 시대에 자신의 감정을 절제하고 상대방을 배려할 줄 아는 능력을 당구를 통해 배울 수 있다. 당구의 이런 순기능은 성장기 청소년의 사회성 형성과 정서 함양에 도움을 줄 수 있다. 특히, 당구의 '스카치 더블Scotch Double'과 같은 방식으로 다른 사람과 팀을 이뤄 경기한다면 개인종목에서 느끼기 힘든 팀워크 역시 배울 수 있다. 예의범절을 실천하고 상대방을 배려한다는 점에서 신사의 스포츠로 널리 알려진 골프, 테니스와 비슷한 면모를 보인다.

지금까지 당구 전반에 대해 살펴봤다. 그동안 대한민국에서 당구는 당구 자체가 아닌 당구 문화 때문에 올바른 평가를 받지 못했다. 당구는 스포츠인가? 라는 질문에 여전히 '그렇다'라고 자신 있게 말할 수 없는 이유가 여기에 있다. 프로당구는 당구의 부정적인 문화가 아닌 당구 자체가 가진 잠재력에 초점을 맞추며 출범했다. 출범 이래 프로당구선수라는 새로운 직업을 만들어 내고 전 세계 모든 3쿠션 선수가 선망하는 무대로 거듭났지만 현재 당구 산업이 한 단계 도약하기 위해서 당구에 대한 긍정적인 효과를 알리고 당구 문화를 개선하는 작업을 동시에 병행해야 했다. 다음 장에서는 기존 당구와 새로운 당구, 즉 아마추어 당구와 프로당구의 차이점에 대해서 살펴보겠다. 기존 질서를 무너뜨리고 새로운 문화를 정착시키려는 과정을 통해 당구가 어떻게 변화했는가에 초점을 맞췄다.

2-2 프로당구와 아마당구 무엇이 다를까?

2019년 프로당구 출범식에서 강동궁 선수와 이미래 선수가 뱅킹을 하고 있다

2019년 5월 프로당구 첫 번째 대회를 개최하기 한 달 전 프로당구 출범식이 열렸다. 대한민국 6번째 프로스포츠이자 첫 번째 글로벌 투어 위

세상에 없는 당구

상을 널리 알리기 위해 당구 선수를 비롯해 사회 각계각층 인사들이 한 자리에 모이는 자리였다.

새롭게 출범하는 프로당구의 출발을 보다 의미있게 전달하기 위해 어떤 방법이 있을까 고민하다가 피날레 세레모니로 실제 당구 경기를 시작할 때 선수들이 가장 먼저 하는 뱅킹Banking을 퍼포먼스화 했다. 행사장 어느 각도에서도 당구대가 잘 보일 수 있도록 행사장 중앙에 당구대를 하나 설치했고 당구대가 돋보일 수 있도록 조명과 전식으로 장식했다.

뱅킹은 농구 경기의 팁오프Tip off에 해당하는데 프로당구의 새로운 시작을 알리는 상징적인 의미를 담았다. 프로당구의 품격을 보여줄 '뱅킹 퍼포먼스'를 위해 평소 리액션이 좋은 심판을 눈여겨 보고 섭외했다. 행사 전 심판 동선을 체크하고 "뱅킹 준비", "시작"이라는 구호가 잘 들릴 수 있도록 인이어 마이크를 허리춤에 채웠다. 뱅킹은 대한민국 3쿠션 간판스타 강동궁 선수와 이미래 선수가 맡았다. 양 선수는 심판의 힘찬 뱅킹 구호와 함께 프로당구 시대 개막을 알리는 시타를 힘차게 날렸다. 프로당구는 그렇게 세상을 향한 첫 번째 발걸음을 내디뎠다.

앞서 설명했듯이 당구 종목 프로화는 그동안 총 5번 차례 시도가 있었으나 모두 실패하고 말았다. 대한민국 당구 종목 특히, 캐롬 종목은 프로화 이전부터 인프라나 실력에 있어서 이미 세계적 반열에 올라가 있었는데 여러 이해관계가 충돌하면서 프로화에 실패했다. 하지만 당구의 성장 가능성을 눈여겨본 한 스포츠 마케팅 대행사가 모든 당구인의 염원을 담아 프로화를 추진했고 2019년 마침내 프로화 결실을 보는 데 성공한다. 프로는 스포츠의 '꽃'이다. 프로가 된다는 건 스포츠가 비즈니스 생태계를 조성하고 산업적으로 한 단계 도약할 채비를 마쳤다는 의미다. 2019년 마침내 프로화 결실을 맺은 당구는 어떤 변화를 겪었을까? 지금부터 프로당구와 아마당구의 차이점에 대해 살펴보자.

첫째, 대회 방식

23-24시즌은 월드 클래스급 선수가 대거 프로 무대로 전향한 해로 전 세계 당구 팬의 이목이 프로당구에 집중된 해다. 당구 팬은 4대 천왕 중 한 사람으로 오랜 기간 당구 팬의 사랑을 독차지한 스페인 다니엘 산체스, 당구 월드컵 통산 2회 우승을 차지한 튀르키예 강호 무랏 나시 초클루, 한국 당구 역사상 최초 세계선수권대회를 제패한 최성원 등 세계 무대를 주름잡은 스타 플레이어를 한 자리에서 볼 수 있어서 무척 설렜을 것이다. 그런데 쏟아지는 당구 팬의 사랑과 관심과 달리 주요 선수 대부분이 프로 데뷔전 첫 경기에서 나란히 고배를 마셨다. 기존 아마당구에서 좀처럼 보기 힘든 장면으로 당구 팬은 혼란에 빠졌다.

프로당구에서 우승하려면 총 7번을 연달아 승리해야 한다. 128강, 64강, 32강, 16강, 8강, 4강, 결승을 치르는 동안 좋은 컨디션을 유지해야 한다. 제아무리 월드 클래스 선수도 철저한 자기관리가 필요하고 여차하면 첫 경기에서 탈락하는 대회가 바로 프로당구다. 평소 당구에 관심이 없다면 예선에서 떨어져 곧바로 짐 싸는 게 뭐가 대수냐고 생각할 수 있다. 하지만 스포츠를 좋아하는 사람이라면 당연하게 받아들이던 상식이 그간 당구판에는 통하지 않았다.

그동안 아마추어 당구는 철밥통 시드 배정으로 공정하지 못하다는 평가를 받았다. 예를 들자면 UMB에서 주관하는 3쿠션 월드컵에는 약 150명 내외 선수가 참가한다. 이 중 1~14위까지 상위랭커는 32강을 보장받는다. 이들은 다른 선수가 최대 4번의 예선(PPPQ-PPQ-PQ-Q)을 거쳐 32강 본선에 올라오면 그제야 첫 경기에 들어간다. 상위랭커 입장에서는 4번만 이기면 결승에 진출할 수 있다. 이에 반해 중하위권 선수는 8연승을 거둬야 안정적으로 32강에 올라갈 수 있다. 체력과 멘탈을 소진한 중하위권 선수가 어찌어찌 32강에 올라가도 제 실력을 발휘하기 힘든 구조다. 더 큰 문제는 이러한 경기 방식이 랭킹포인트와 연동되어 있다는 점이다. 3쿠션월드컵 랭킹포인트는 우승 80점, 준우승 54점, 4강 38점,

8강 26점, 16강 16점, 32강 8점 순이다. 32강 진출이 확정된 상위랭커는 대회에 출전만 해도 8점을 얻을 수 있다. 1년에 당구 월드컵이 6~7회열리는 걸 감안한다면 상위랭커 입장에서는 대회에 참가만 해도 48~56점을 얻는 셈이다. 상위랭커에게 절대적으로 유리한 구조가 아닐 수 없다. 비유하자면 100M 경주를 하는데 상위랭커는 이미 출발선을 지나30M~40M 앞에 서 있는 것과 같은 이치다. 새로운 스타 탄생이 어려운구조다. 실제 4대 천왕이라 불리는 선수 나이도 50~60대가 주를 이룰만큼 그간 당구판은 세대교체가 이뤄지지 않았다.

이에 반해 프로당구는 완전경쟁 방식으로 회를 거듭할수록 새로운 스타들이 탄생할 수 있는 구조다. 무명의 선수가 하루아침에 스타로 올라설 수 있는 무대로 당구판 슈퍼스타 K라 부를 만하다. 실제 프로당구는동호인 출신 이상대, 김남수, 박한기, 최혜미 등을 비롯해 신정주, 강민구, 정경섭, 엄상필, 이영훈, 임성균, 오태준, 한지승 등 기존 당구 체제에서 빛을 보기 힘든 선수들이 좋은 성적을 거두고 있다. 프로당구는 기존스타들과 새로운 스타가 공정하게 경쟁할 수 있는 무대로 기존 시스템의문제점을 깨고 출범했다. 프로당구 첫 번째 혁신은 '공정한 룰'이다.

프로당구 사상 최초 동호인 우승자 출신 최혜미 선수가 우승 인터뷰를 하고 있다

둘째, 경기 방식

스포츠 경기 방식은 시대에 따라 변동되었다. NBA 전신인 ABA(American Basketball League)는 1967년 화려한 볼거리와 박진감 넘치는 승부를 위해 3점 슛 제도를 처음으로 도입했다. 초기 성공 확률이 낮고 비효율적인 선택이라 평가받던 3점 슛 제도는 스테판 커리와 같이 3점 슛을 주무기로 하는 새로운 유형의 선수가 등장하면서 재평가받고 있다. 최근 NBA는 선수 기량이 점차 올라감에 따라 슛거리를 조금 늘려 4점 슛을 도입하자는 논의를 진행 중이다. 프로당구를 기획하면서 가장 많이 들었던 말이 "그게 말이 돼?"였다. 하지만 세상에 원래 그런 건 없는 법이다. 오랜 관행으로 굳어진 당구 문화가 하나의 불문율로 자리 잡은 현실에 맞서 돌파구를 찾지 못한다면 후발주자 입지는 좁아질 수밖에 없다. 후발주자일수록 새로운 시도에 따른 비난을 숙명으로 받아들이고 과감히 행동해야 한다. 지금부터 당구계 오랜 관행을 깨고 프로당구가 바꾼 경기 방식에 대해 살펴보자.

지난 100여 년간 당구는 40~50점제 단판 승 방식이 대세였다. 1928년부터~1990년 초까지 약 60년간 50점제 단판 승 방식으로 진행했다. 1960~1984년 사이에는 60점제 방식으로도 진행했다. 현재, UMB와 KBF는 주로 40점제 단판 승 방식으로 진행한다. 20세기 최고 당구 선수라 평가받는 레이몽 클루망Raymond Ceulemans은 40점제 단판 승 방식의 최대 수혜자였다. 레이몽 클루망은 1937년생인데 1962년 CEB유럽챔피언십 3쿠션 대회 우승을 시작으로 1990년 초까지 수많은 3쿠션 대회를 휩쓸었다. 특정 선수가 특정 경기 방식으로 오랜 기간 정상에 오르자, UMB는 레이몽 클루망을 견제하기 위해 세트제를 도입하기에 이른다. 그런데 세트제로 룰을 변경하자 이상천, 김경률 같은 비유럽권 선수가 당구계를 휩쓸기 시작한다. 세트제 특성상 에버리지가 낮아도 승리할 수 있었기 때문이었다. UMB는 1994년부터 2011년까지 세트제로 대회를 운영하다 2012년 이후 다시 40점제 단판 승 방식으로 룰을 변경하기에 이른다. 2019년 말 UMB는 여기에 그치지 않고 40점제에서 50점 제로 다시 한번 점수를 상향 조정했고 32강 리그전을 도입하는 등 상위권 선수에게 유리한 시드제를 고수했다. 이렇게 기존 당구계는 100여 년간 40~50점제 단판 승 방식을 유지했다. 세트제에서 나타나는 변수를 없애고 에버리지에 집착한 결과 특정 선수가 오랜 세월 왕좌의 자리를 차지하는 현상이 나타났다. 당구계 4대 천왕이라 불리는 딕 야스퍼스, 토브욘 브롬달, 프레드릭 쿠드롱, 다니엘 산체스는 실력에 있어서는 누구도 부정하기 힘든 당대 최고의 선수들이지만 동시에 UMB가 고수한 대회 방식의 최대 수혜자이기도 했다.

그런데 2019년 당구계 커다란 변화가 일어난다. 프로당구가 출범하면서 기존 40~50점제 단판 승 방식을 버리고 세트제 방식을 다시 채택하고 나선 것이다. 앞서 말했듯이 세트제는 과거 UMB가 주관하는 대회에서도 진행했던 방식이다. 프로당구는 과거 당구계가 버린 '세트제'를 현대 스포츠 특성에 맞게 수정해 부활시켰다. 현재 프로당구에서 남자 대회는 세트당 15점, 여자 대회는 세트당 11점에 먼저 도달하는 선수가 해당 세트를 가져간다. 결승전 기준으로 남자 대회와 여자 대회 모두 7전 4선승제 방식으로 경기를 펼친다. 세트제 장점은 40~50점제와 달리 짧은 시간 안에 승부를 볼 수 있다는 점이다. 선수 입장에서는 한순간에 경기가 뒤집힐 수 있기 때문에 고도의 집중력을 발휘해야 한다. 프로당구 창립 초기부터 프로화를 주도한 당구 황제 프레드릭 쿠드롱은 "세트 스코어 2:0으로 앞서고 있더라도 경기에서 이긴다는 보장이 없다. 순식간에 역전할 수 있는 것이 세트제다."라고 설명했다. 2019년 새롭게 부활한 세트제는 기존 당구와 차별화를 통해 당구 경기를 보는 '또 다른 즐거움'을 제공했다.

뱅크샷 점수도 상향 조정했다. '뱅크'라는 말은 당구 테이블 쿠션을 가리키는 것이다. 뱅크샷은 수구로 쿠션을 먼저 맞힌 다음 목적구를 공략하는 샷이다. 지금까지 당구는 뱅크 샷 득점 시 단 1점만이 인정되었는데 프로화 되면서 뱅크샷을 2점 도입으로 조정했다. 뱅크샷 2점 도입으로 인해 프로당구는 점수 차이가 크게 벌어졌다 해도 금방 만회할 수 있게 됐다. 경기 흐름을 단번에 바꿀 수 있고 동시에 열광적인 분위기를 끌어낼 수 있다는 점에서 긍정적이다. 뱅크샷은 농구 3점 숫과 비슷하다. 단, 농구 3짐 숫은 2점 숫에 비해 거리도 멀고 성공 확률이 크게 떨어지지만, 당구에서 뱅크 샷은 넣어 치기와 같은 쉬운 포지션들이 있다. 프로화 이후 선수들은 뱅크샷이 쉬운 포지션을 만들기 위해 구석으로 공을 모으기도 한다. 하지만 공이 아쉽게 빠졌을 경우 오히려 상대편에게 뱅크샷 기회를 주기 때문에 위협 요소가 되기도 했다. 이런 이유로 프로당구 선수들은 공 포지션부터 디펜스까지 경기 전략을 새로 짜야 했다. 프로당구 무대에서 총 득점 대비 뱅크샷 득점 비율이 높은 대표적인 선수로 강동궁, 김재근, 강민구, 임정숙, 사카이 아야코 등이 있다.

프로화를 맞이해 공격 시간도 축소했다. 프로 초기 공격시간을 30초로 줄였는데 에버리지가 떨어지는 문제점이 발생해 23-24시즌 기준 35초로 운영 중이다. 공격 시간이 줄자 당구 경기 진행 속도가 올라갔는데 프로 무대를 뛰는 선수 입장에서는 더욱 빠른 상황 판단으로 공을 처리할 줄 아는 능력이 요구되었다.

당구 경기의 시작을 알리는 뱅킹제도 손질했다. 기존 뱅킹 방식은 공을 쳤을 경우 초구 뱅킹자 레일(rail, 고무로 만들어진 쿠션 부분. 공이 부딪히는 부분)에 가까운 공이 선공이 되었는데 초구 뱅킹자 반대편 레일에 가까운 공이 선공이 되도록 바꿨다. 프로당구 무대에서 선공을 잡는 다는 건 승리할 확률이 그만큼 높다는 것을 의미하기 때문에 선수는 좀 더 세심하게 뱅킹샷을 가다듬어야 했다.

뱅킹 후 이어지는 초구 배치 포메이션도 다양하게 바꿨다. 기존 당구대회에서는 초구 배치가 항상 같다. 하지만 프로당구는 대회에 사용될 초구를 무작위 추첨하는 방식을 택했다. 테이블 9개 포인트 가운데 무작위로 포인트를 정해주는 이른바 PBA초구배치 제도다. 프로당구 초구 포메이션은 총 27가지 경우의 수가 있다. 초구가 난구로 배치되면 제 아무리 고수라도 공략하기 쉽지 않은데 이런 이유로 프로당구 무대에서는 초구를 빈 쿠션으로 시도하고 실패하는 모습을 종종 볼 수 있다.

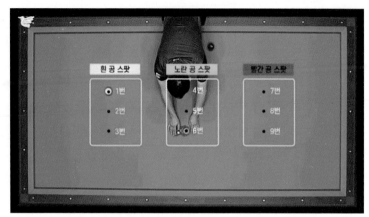

프로당구는 다양한 초구 포메이션 배치로 초구 공략법이 27가지다

후구제도 폐지했다. 기존 방식은 후구제로 인해 우승 샷을 성공해도 마지막까지 상대편 공격을 지켜봐야 했다. 우승의 순간을 만끽할 타이밍을 놓쳐버리게 된 것이다. 프로당구에 멋진 우승 세레모니가 많이 나오는 이유가 바로, 이 후구제 폐지에 있다. 후구제 폐지로 위에서 언급한 뱅킹의 중요성 역시 더 커지게 됐다.

축구에서나 볼 수 있었던 승부치기도 도입했다. 21-22시즌 9월부터 도입했는데 팬들의 반응이 좋아 23-24시즌부터 승부치기 경기를 확대했다. 23-24시즌 128강, 64강전은 4전 3선승제 방식을 채택하고 있는데, 2:2 무승부로 경기가 종료됐을 경우 승부치기 방식으로 승부를 가린다. 선공하는 선수가 승부치기에서도 선공으로 시작한다. 만약 초구 배치가 까다롭다면 선공하는 선수가 선공을 양보할 수 있도록 했다. 당구 승부치기는 많은 당구 팬에게 당구의 새로운 묘미를 보여줬다는 평이다. 경기 막판까지 손에 땀을 쥐게 하는 명승부를 연출할 수 있다는 점에서 긍정적이다. 승부치기는 UMB대회에서 먼저 선보였다. 대개 40점제 방식으로 펼쳐지는 UMB대회에서 양 선수 모두 40점에 도달하면 승부치기로 넘어간다. 프로당구와 다른 점은 UMB대회에서는 똑같은 초구 배치를 놓고 승부치기에 들어간다. 프로당구는 초구를 친 선수 공을 이어받아서 치는 방식으로 진행한다.

이처럼 프로당구는 승부치기를 비롯해 세트제까지 과거 당구계가 시도한 경기방식을 되돌아 보고 새롭게 정비하며 혁신을 이어가고 있다.

이상으로 프로당구 경기 방식에 대해 살펴봤다. 프로당구는 완성형이 아닌 진행형으로 매 시즌 당구계 오랜 관습에서 탈피하고 여러 제도를 개선해 당구계로부터 파괴적 혁신Disruptive Innovation을 끌어내고자 노력한다. 과거를 되짚어 보고 가능성 있는 유산을 발견해 새로운 가치를 입혀 시장에 내놓는 프로당구 전략은 스포츠 단체를 포함해 여러 기업에 신선한 영감을 제공할 것이다.

셋째, 상금 규모

베트남 응우옌 프엉린 선수가 준우승 후 백화점 쇼핑을 하고 있다.
23-24시즌 응우옌 프엉 린 선수는 하이원 위너스 당구팀 일원으로 활약 중이다.

20-21시즌 프로당구 행을 택한 베트남 응우옌 프엉 린 선수는 2020년 베트남 Giai 3쿠션 대회 우승과 2019년 구리 세계 3쿠션 월드컵 56위를 차지한 베트남 당구 신성이다. 1993년생으로 프로당구 무대에서 매 시즌 성장하며 좋은 모습을 보여주고 있다. 대학 시절 처음 큐를 잡은 응우옌 프엉 린 선수는 그동안 베트남 내 세계캐롬연맹UMB가 주관하는 아마추어 무대에서 활약하다 불공정한 시드제 문제로 자신의 기량을 펼칠 기회가 주어지지 않자, 프로행을 선택했다.

응우옌 프엉 린 선수가 자신의 존재감을 알린 건 지난 21-22시즌 추석 기간에 열린 프로당구 2차전이다. 당시 결승에 올라 스페인 다비드 마르티네스와 여러 차례 하이런을 주고받으며 역대급 명승부를 펼쳤다. 비록 아쉽게 패배하기는 했지만 당시 응우옌 프엉 린 선수가 보여준 감각적인 당구 스타일은 많은 당구 팬들에게 지금까지 회자될 정도다. 응우옌 프엉 린 선수는 프로무대 준우승 이후 BTV에 출연했다. BTV는 우리나라로 치면 KBS위상을 가지고 있는 방송사다. 프엉린은 준우승 상금으로 3천 4백만 원을 받았다(프로당구 우승상금은 1억 원인데 지난 22-23시즌 5차전에서 베트남 당구 영웅 마민캄이 우승해 화제를 모았다. 1억 원은 베트남에서 평범한 직장인이 약 20년을 모아야 얻을 수 있는 금액이다).

아마추어 당구 대회에서 우승하면 얼마나 벌 수 있었을까? 2016년 당구 월드컵 기준으로 5,000유로이다. 우리나라 돈으로 환산하면 약 650만 원 수준이다. 2022년 서울에서 열린 당구 월드컵 우승 상금은 16,000유로이다. 우리나라 돈으로 환산하면 약 2,200만 원 수준이다. 세계 최고 선수가 뛰는 무대치고 우승 상금이 부끄러울 정도로 작다. 프로당구 출범 이전에는 세계캐롬연맹UMB이 주관하는 당구 월드컵과 세계3쿠션선수권대회가 3쿠션 선수가 뛸 수 있는 최고의 무대였다. 일 년에 6~7차례 열리는 당구 월드컵과 일 년에 한 차례 열리는 세계3쿠션선수권대회에서 수많은 명승부가 연출됐다. 그런데 세계 최고의 선수가 연출한 명승부 끝에 선수에게 돌아오는 몫은 세계 최고 대회라는 명성에 걸맞지 않았다. 기존 당구 체제에서 우승을 통해 '부'와 '명예'를 동시에 거머쥐기란 쉽지 않은 환경이다.

스페인 다비드 사파타가 월드챔피언십 우승상금 3억원을 받았다

세상에 없는 당구

스페인 뉴스에 출연한 다비드 사파타

프로당구는 출범 초기부터 상금을 대폭 확대하며 소속 선수들이 투어에 전념할 수 있도록 길을 열어 주었다. 23-24시즌 기준 프로당구 정규투어 총상금은 남자 선수 2억 5천 만원(우승상금 1억 원), 여자 선수 9천 1백 60만 원(우승상금 3천만 원)이며 매 시즌 상금액을 늘려가고 있다. 프로당구 선수 수입구조는 크게 2가지다. 하나는 토너먼트 방식으로 열리는 정규투어

출전으로 상금을 따내는 방식이다. 23-24시즌 남녀 프로당구 대회에 걸려 있는 총상금은 약 36억 정도다. 시즌당 총 10개 대회가 열리는데 마지막 대회인 월드 챔피언십은 총상금 규모만 5억 5천만 원이다. 다른 하나는 팀리그에 소속되어 해당 팀에서 연봉을 받는 방식이다. 성적을 기반으로 선수마다 다르게 연봉을 측정하지만, 웬만한 대기업 연봉 수준이다.

* 타임아웃time-out

프로당구는 토너먼트 방식의 정규투어와 라운드 로빈 방식의 팀리그 이렇게 2개의 이벤트를 운영하고 있다. 위에서 정규투어 상금을 살펴봤는데 팀리그 상금도 있다. 팀리그에서 우승하면 우승상금은 1억 원, 준우승은 5천만 원이다. 생각보다 너무 적은 게 아니냐고 생각할 수도 있겠다. 아래, 국내 프로스포츠 우승상금을 비교해 봤다. 단순 비교를 위해 우승 상금 대비 선수단 규모를 고려했다. 자료는 2022년 기준이다. 결과는, 프로야구(5천 7백) > 프로당구(1천 6백) > 프로축구(1천 4백) > 프로배구(1천 1백) = 프로농구(1천 1백) 순이다.

1위는 프로야구다. 대한민국에서 제일 잘 나가는 프로야구 우승상금은 포스트 시즌 수입에 따라 결정된다. 시즌에 따라 약간의 변동이 있기는 하지만 포스트시즌 수입 중 약 50%를 운영비로 사용한다. 그리고 남은 수익 20%를 정규시즌 1위 팀이 가져간다. 나머지 수익 30%는 포스트시즌 성적에 따라 각 팀에게 차등 분배된다. 우승팀은 50%, 준우승팀이 24%, 3위 팀이 14%, 4위 팀이 9%, 5위 팀이 3%를 받게 된다. 2022년 포스트시즌 16경기에서 벌어들인 수입은 약 101억 2천만 원이다. KBO사무국은 포스트시즌 운영비로 사용한 43%를 제외한 나머지 금액을 포스트시즌에 오른 5개 팀에게 배분한다. 배분 금액은 57억 6천 8백만 원이다. 2022년 통합우승한 SSG 랜더스는 정규시즌 우승상금과 한국시리즈 우승상금을 동시에 받았다. 총 34억 6천만 원(정규시즌 우승 약 11억 5천 3백만 원 + 한국시리즈 우승 약 23억 7백만 원)이다. 프로야구 선수단 규모가 평균 60명 내외인 점을 고려했을 때 선수당 약 5천 7백만 원 상금이 배분된다. 단, 이 수치는 통합우승에 한해서다. 참고로, 2023년 통합우승을 차지한 LG트윈스는 같은 방식으로 약 29억 4천 3백만 원을 가져갔다. 2020년 통합

우승을 차지한 NC다이노스는 12억 7천만 원을 가져갔고, 2021년 통합우승한 KT위즈는 같은 방식으로 25억 원을 가져갔다. 2022년 대비 2020년, 2021년 우승 상금이 크게 줄어든 이유는 지난 2년간 코로나19 여파로 인해 포스트 시즌 수입이 크게 줄었기 때문이다.

2위는 프로당구다. 프로당구 팀리그 우승상금은 1억 원이다. 준우승은 5천만 원이다. 각 구단 소속 선수들은 평균 6명 이내다. 선수당 약 1천 6백만 원 상금이 배분된다.

3위는 프로축구다. 프로축구 우승상금은 5억 원이다. 준우승은 2억 원이다. 프로축구 선수단 규모가 35명 내외인 점을 고려한다면 선수당 약 1천 4백만 원 상금이 배분된다. 실제 프로 축구 우승상금은 선수 기여도에 따라 등급을 나눈다. 최상위 등급인 A급 활약을 펼친 선수에겐 4천만 원의 승리 수당이 지급된다. A급 선수에게 지급되는 비중이 클수록 나머지 선수에게 돌아가는 몫이 적어지는 구조다.

공동 4위는 프로배구와 프로농구다. 먼저 프로배구부터 살펴보자. 프로배구 정규리그 우승상금은 남자 1억 2천만 원, 여자 1억 원이다. 챔피언결정전 우승 상금은 남자 1억 원, 여자 7천만 원이다. 21-22시즌 통합우승한 대한항공은 상금으로 2억 2천만 원을 챙겼다. 프로배구 선수단 규모가 평균 20명 내외인 점을 고려했을 때 남자 배구단 기준 선수당 약 1천 1백만 원씩 돌아간다.

또 하나 공동 4위는 프로농구다. 프로농구는 정규리그 우승팀에 우승 상금 1억 원, 챔피언결정전 우승팀에 우승 상금 1억 원을 준다. 22-23시즌 통합우승한 KGC인삼공사는 상금으로 2억 원을 챙겼다. 남자 프로농구 선수단 규모가 평균 18명 이내인 점을 고려했을 때 선수당 약 1백 1십만 원 상금이 배분된다.

이상으로 프로당구 상금에 대해 살펴봤다. 전 세계 주요 프로스포츠는 약 6개월~7개월 동안 리그를 운영한다. 억 소리 나는 해외 리그 상금을 보고 있자면 프로당구뿐만 아니라 국내 스포츠 상금 규모가 초라하게 느껴진다. 손흥민 선수가 뛰는 영국 프리미어리그(EPL, English Premier League)와 같은 리그를 굳이 비교하지 않더라도 가까운 중국과 일본 리그를 보면 그 차이를 더욱 선명하게 알 수 있다. 참고로, 중국 슈퍼리그는 우승상금만 320억 원이고 일본은 우승상금이 200억 원 수준이다. 스포츠 생태계가 취약한 국내 사정을 어느 정도 고려하더라도 해외 리그와 국내 리그 간 상금 격차는 크게 벌어져 있다. 탑다운 방식으로 프로화를 맞이한 국내 스포츠가 가진 태생적 한계로 지금, 이 순간에도 국내 모든 스포츠 단체는 어떻게 하면 재정 자립도를 높일 수 있을지 고심 중이다. 결국 스포츠 가치를 높이려는 혁신적인 마케팅 활동과 다양한 수익원(중계권료, 스폰서 십, 머천다이징, F&B, NFT상품 등) 개발이 관건이라 하겠다.

넷째, 복장 규정

"선수들이 달라졌다!"

2021년 12월 강원도 태백시 고원체육관에서 열린 에버콜라겐 LPBA챔피언십@태백 대회에서 선수들이 파격적인 의상을 입고 경기에 임했다

세상에 없는 당구

당구 최초 자율복장으로 화제를 모으다

　지난 2021년 12월 강원도 태백에서 LPBA 챔피언십을 개최했다. 지자체와 손잡고 열린 첫 번째 대회이자 여자 선수만 참가하는 LPBA 단독대회였다. 프로당구 최초 여성부 단독 대회를 차별화하기 위해 '베스트 퍼포먼스상'을 신설했다. 세련된 복장, 경기 매너, 경기 중 퍼포먼스 등을 종합적으로 고려해 하루에 한 명씩 최종일까지 총 5명을 선정하고 하루에 100만 원씩 상금을 내걸었다. 당구를 더 활기차게 만들기 위해 기획했다. 베스트 퍼포먼스상에서 무엇보다 가장 눈에 띈 변화는 선수들의 경기 복장이었다.

　김가영과 김예은 선수는 과감한 오프숄더 복장을 착용했고 최지민 선수는 군복, 서한솔과 전애린 선수는 새내기 회사원과 같은 화사한 캐주얼 정장 차림으로 등장했다. 오슬지와 김민지 선수는 '크리스마스' 컨셉을 살린 빨간 스웨터와 레깅스를 착용했고, 이하니 선수는 교복 패션으로 이목을 끌었다. 김보미와 김희진 선수는 한국적인 멋을 살린 개량 한복을 멋지게 소화하기도 했다. 오프숄더, 군복, 캐주얼, 정장, 레깅스, 교복, 한복 등 저마다 멋진 복장으로 개성을 뽐내며 경기에 임하는 선수 모습에 당구 대회는 이전에 볼 수 없던 생동감이 넘쳐났다.

　국내외 주요 언론사는 프로당구의 파격적인 시도에 '실력도 개성도 만점!'과 같은 헤드라인으로 지면과 화면을 부지런히 채워나갔다. 비록 베스트 퍼포먼스상이 일회성에 그치기는 했지만, 평소 무뚝뚝하게만 비쳤던 당구 선수의 새로운 면모를 발견했다는 점에서 긍정적이었다. 대회 첫날은 김보미 선수가 상을 받았다. 남색 치마에 하얀 꽃이 그려진 한복을 입고 출전한 김보미 선수는 국내뿐만 아니라 해외에서도 큰 관심을 받으며 개량 한복을 이질감 없이 소화했다. 둘째 날은 하얀 롱니트와 검정 레깅스로 개성을 한껏 살린 김가영 선수가 베스트 퍼포먼스상을 받았다. SK렌터카 제주특별자치도 PBA-LPBA월드챔피언십 2024 주간에 열린 123 이벤트 매치에서도 선수들이 자신의 개성을 뽐내는 의상을 선보였다.

한지은(좌), 이미래(우) 팀

김민아(좌), 서한솔(우) 팀

2019년 출범한 프로당구는 대회 방식, 경기 방식, 상금 규모와 더불어 복장 규정까지 새롭게 정비하며 당구 팬들에게 다가섰다. 과거에는 당구 하면 검은색 정장 바지와 구두, 흰색 턱시도와 나비넥타이를 착용하고 플레이하는 모습을 떠올릴 수 있었는데 프로화를 추진하는 과정에서 선수가 자신의 개성을 더 뽐낼 수 있도록 유도한 것이다. 당구는 다른 종목 처럼 땀을 흠뻑 흘리지 않고 과격한 동작이 적기 때문에 패션을 뽐내기에 적합한 종목이다. 프로 출범 4년이 지난 지금 아직 당구에 특화된 전문 의류 브랜드가 나오지 않았지만, 당구에 대한 관심이 커지고 있는 만큼 기능적으로나 미적으로도 당구에 최적화된 제품이 나올 것을 기대해 본다.

다섯째, 경기 용구

파란색 당구공, 빨간색 테이블 천 어떠세요?

세상에 없는 당구

PBA Exclusive official balls Helix.

"경기장에 처음 들어온 순간 고급스러운 와인색 천이 시선을 사로잡았습니다.
대회장에 함께 비치는 핑크색 조명도 너무 예뻤어요~"
- LPBA박효선 선수 -

최근, NBA가 정규투어 속 또 하나의 이벤트인 인시즌 토너먼트를 선보였다. NBA가 시즌 내 새로운 토너먼트를 선보인 이유는 '또 다른 경쟁'을 유도하고 새로운 경기 방식으로 팬 참여를 유도해 정규 시즌 초기 떨어지는 NBA관심을 끌어올리기 위함이다. NBA는 새로운 토너먼트 개념을 도입하면서 기존 농구 코트 색을 다양하게 디자인했다. NBA가 왜 세상에서 가장 혁신적인 스포츠 단체인지 여실히 보여주는 사례다(2019년 미국 비즈니스 잡지 패스트 컴패니가 세상에서 가장 혁신적인 기업 50개를 발표했는데 NBA가 3위로 선정되어 주위를 놀라게 했다).

NBA 시카고 불스팀 농구 코트로 시카고 불스 상징 붉은 색을 활용했다

자료출처: NBA홈페이지

경기 용구 변화는 스포츠 분야에서 꾸준히 시도되었다. 1997년 9월 국제하키협회는 흰색 운동화와 스타킹 착용을 금지했다. 흰색 장구를 사용하면 시청자가 색깔이 하얀 볼을 제대로 볼 수 없기 때문이다. 유도의 컬러 도복 착용, 탁구의 오렌지색 공사용 역시 시청자가 TV화면을 통해 좀 더 역동적으로 경기를 관람할 수 있도록 배려하려는 차원에서 도입됐다. 경기 용구 변화는 스포츠 단체 입장에서 과거 자신이 가진 고리타분한 이미지를 벗고 세련된 이미지로 거듭나기 위한 시도 중 하나로 시대 흐름에 도태되지 않고 유행을 이끌어가며 혁신의 주체가 되고자 하는 의지가 담겨 있다. 프로당구 역시 이러한 맥락에서 컬러 마케팅을 시도했다.

프로당구는 지난 21-22시즌 4차전 크라운해태 PBA-LPBA 챔피언십 대회에서 전 세계 최초 파란색 당구공을 선보였다. 테이블 천 역시 기존 파란색에서 자주색으로 변화를 주었다. 후원사 크라운해태 기업 컬러인 자주색을 부각하기 위해 스페인 고리나(테이블 천 회사)본사에 요청해 테이블 천 염색을 요청했다. 테이블 천은 약 2달에 걸쳐 배를 타고 국내로 들어왔다. 코로나19 위협이 맹위를 떨치고 있는 가운데 행여나 테이블 천 도착이 지연될까 싶어 가슴을 졸였다.

공과 테이블 색 변화로 인해 경기력에 영향을 미칠 수 있다는 우려의 목소리가 있었지만, 선수들에게 공과 테이블 변화에 대해 사전 공지하고

세상에 없는 당구

경기위원 및 심판위원과 함께 여러 차례 사전 테스트를 진행했다. 장기
간 노출 시 눈 피로를 유발할 수 있었기 때문에 방송도 사전 테스트에 참
여했다. 이후 큰 문제 없이 무사히 대회를 마쳤고 대회마다 독특한 테이블
색이 부각되며 당구 경기장의 변신을 끌어냈다. 지금까지 가장 반응이
좋았던 조합은 22-23시즌 3차전 TS샴푸-푸라닭 PBA-LPBA챔피언십이
다. 당시 공동 스폰서인 TS샴푸와 푸라닭 메인 컬러인 녹색과 검은색을 테
이블 천(나사지)과 고무 쿠션(댐방)에 각각 배치해 당구대를 더 아름답게 부
각했다.

22-23시즌 TS샴푸-푸라닭 PBA챔피언십 결승전 모습

23-24 프로당구 팀리그 포스트 시즌 전경(경기장 바닥을 화려하게 장식했다)

여섯째, 당구 용어

"겐세이 놓은 거 아닙니까?"

이전 한 국회의원이 '겐세이'란 단어를 사용해 사회적 물의를 일으켰다. 당시 관련 기사에는 해당 의원을 비판하는 댓글이 수없이 달렸고, 방송에선 '겐세이' 뜻을 당구에서 주로 사용하는 용어라고 설명했다. 그로부터 꽤 시간이 흘렀지만, 여전히 겐세이라는 단어는 여러 상황에서 왜곡된 채로 사용되고 있다. '겐세이(けんせい)'는 '견제'라는 의미의 일본어다. 자신의 수구를 상대방 공격을 방해하는 위치에 의도적으로 놓는 상황을 뜻한다.

우리나라에 유독 '겐세이'와 같은 일본식 표현이 많은 이유는 유럽에서 일본으로 들어온 당구가 일본을 통해 우리나라에 전파되었기 때문이다. "시네루 주고 나미로 쳐, 마오시나 오마오시로 돌려~"와 같은 식이다. 프로화 이전 당구 용어는 부정확한 표현과 비속어, 잘못된 외래어 등을 혼재해서 사용했다.

이에 프로당구는 올바른 당구 용어 사용을 위해 2019년부터 현역 선수를 포함해 심판, 해설, 아나운서 등 당구 관련 관계자들과 함께 정기적인 회의를 거쳐 당구 용어집을 발간했다. 당구장에서 흔히 사용하는 당구 용어 자료를 취합한 뒤 일본어 잔재 용어와 비속어를 배제하고 우리말과 국제 통용어인 영어 표현을 토대로 당구 용어 표준화 기틀을 마련했다. 대표적으로 우라(뒤돌리기), 하꾸(옆돌리기), 오마(앞돌리기), 빵꾸(넣어치기) 등 기술 용어를 비롯해 다마(당구공), 다이(당구대) 등 당구용품 및 경기 용어를 새롭게 손봤다. 프로당구는 2022년 한글날을 앞두고는 국어문화원연합회와 손잡고 올바른 당구 문화 확산을 위해 우리말 당구 용어와 응원 문화 정착에 나섰다.

세상에 없는 당구

프로당구가 국어문화연합회와 손잡고 우리말 당구 용어 캠페인을 진행한다

프로당구가 대한민국을 기반으로 한 세계 최초 글로벌 투어인 만큼 '나이스, 브라보'와 같은 말보다 '좋다~ 잘한다~ 신난다'는 것과 같은 응원 문화가 국제무대에서 정착하길 기대해 본다. 태권도가 올림픽 정식종목으로 채택된 뒤 한국어가 공식 용어로 사용된 것처럼 당구 역시 국제무대에서 종주국 급 위상을 차지했으면 한다.

일곱째, 경기 시간

2018년 테니스 선수 정현은 메이저 대회 호주오픈에서 4강 신화를 이뤄냈다. 8강 조코비치 전에서 승리 후 카메라 렌즈에 "보고 있나?"라는 문구를 썼는데 이는 정현 신드롬을 일으키는 계기가 됐다. 당시 정현 선수 멘트 하나에 꽂혀 정현 선수 4강 경기를 보기 위해 호주 멜버른으로 날아갔다. 남반구에 위치한 호주는 북반구에 위치한 한국과 계절이 정반대다. 난데없는 무더위에 깜짝 놀랐던 경험이 있다. 정현 선수 경기를 보고 나서 야라 강을 따라 숙소로 걸어갔다. 시간을 보니 자정이 훌쩍 넘었다. 야라 강 주변과 페더레이션 광장 주변에는 무더위를 피해 많은 사람이 삼삼오오 모여 있었다. 이들은 하나 같이 호주오픈을 보고 있었다. 그것도 라이브로 경기를 시청하고 있었다. 무더위 속에 펼쳐지는 호주오픈은 경기 시간이 길어지면 자정을 훌쩍 넘긴 시간에 경기하곤 한다. 하지만 자정을 넘어 라이브로 테니스 경기를 하고 있다는 게 비현실적으로 느껴졌다. 그런데 이와 같은 일이 한국에서도 일어나고 있다. 테니스가 아닌 당구 종목에서다.

프로당구는 아직 B급 콘텐츠다. 프로당구는 출범 초기부터 지금까지 인기 스포츠 중계 시간을 피해 편성 일정을 잡아야 했고 때가 되면 열리는 대형 스포츠 이벤트에 밀려 괜찮은 중계 시간을 확보하기 어려웠다. 프로야구 시즌을 예로 들자면 방송사에서는 프로야구가 끝난 다음에야 프로당구 중계 일정을 잡을 수 있다. 방송사 입장에서는 프로야구 시청자가 야구 시청을 끝내고 라이브로 열리는 프로당구를 볼 확률이 크다는 판단에서다. 프로야구는 평일 오후 6시 30분, 주말 오후 5시에 경기를 연다. 프로야구 평균 경기 시간이 3시간 30분인데 프로야구 경기가 끝나면 10시 내외다. 여기에 프로야구 하이라이트 프로그램까지 방영하면 11시나 돼야 프로그램 편성이 빈다. 프로당구 중계가 늦은 밤에 시작하는 이유다. 그런데 코로나19 기간 전 세계 주요 스포츠 이벤트가 중단, 연기, 축소를 반복하자 프로당구는 더 좋은 중계 시간을 확보할 수 있게 되었다. 프로당구는 다른 스포츠 종목과 달리 작은 공간에서 소수 선수가 경기를 펼치는 데 폐쇄적인 환경 속에서 방역 통제가 수월했기 때문에 가능한 일이었다. 프로당구는 라이브가 생명인 프로스포츠 시장에서 대체재 역할을 훌륭히 수행해 냈다. 하지만 이런 흐름이 코로나19 이후에도 이어질 수 있을지 미지수다. 코로나19 위협이 현저히 사그라진 지금이 프로당구 위기의 시작이라는 사실을 염두에 두고 새로운 활로를 뚫기 위해 노력해야 할 것이다.

이상으로 프로당구와 아마당구의 차이점에 대해 살펴보았다. 프로당구 출범 이후 당구계에 몰고 온 파장은 엄청났다. 기존 당구를 좋아하는 사람과 새로운 당구에 관심 있는 사람을 중심으로 당구 관련 온라인 커뮤니티가 활성화되었다. 이제 당구 팬들은 저마다 자신이 바라는 당구가 어떤 모습이 되었으면 좋을지 이야기하기 시작했다. 프로당구가 가져온

세상에 없는 당구

변화를 받아들이고 새로운 변화를 받아들이기까지 아직 시간이 필요하다. 우리 뇌는 새로운 변화에 직면했을 때 두려움이 발생하도록 프로그램되어 있기 때문에 새로운 변화가 새로운 문화로 정착하기 위해서는 큰 노력과 시간이 필요하다. 큰 노력과 시간을 들여도 새로운 문화가 잘 정착하는가는 또 별개 문제다. 시도가 성공의 필요 조건은 맞지만, 성공의 충분조건은 아니기 때문이다. 하지만 프로당구는 재미있고 새로운 당구를 만들겠다는 일념 하나로 계속해서 새로운 시도를 하고 있다. 지금, 이 순간에도 프로당구의 새로운 시도를 두고 여러 가지 비난과 논란이 있지만 잠잠했던 당구계가 프로 출범 이후 비로소 자기 목소리를 내기 시작했다는 것 하나만으로도 프로 출범이 당구계에 긍정적인 역할을 수행하고 있다고 믿어 의심치 않는다.

2-3 당구 황제 잡은 해커의 유쾌한 반란

프로당구 하나쯤은 괜찮잖아~

프로무대가 꼭 프로만의 전유물이어야 하는가? 프로스포츠 경기에 꼭 프로선수들만 뛰어야 한다는 법은 누가 정했는가? 오랜 세월 쌓아온 프로스포츠 경기 방식을 새로운 관점에서 보다 유연하게 해석할 수 있지 않을까?

전 세계 프로스포츠 리그가 활성화되면서 스포츠를 직업으로 삼은 프로 선수는 자신의 인생을 스포츠에 올인해 자신의 기량을 신의 영역까지 끌어 올리기 위해 최선을 다한다. 30대 중후반에 신체 나이 20살이라는 기적을 만들기 위해 얼마나 많은 선수가 자신의 능력을 한계치까지 끌어 올리기 위해 고군분투 할까?

스포츠 팬들은 그라운드에서 압도적인 경기력으로 상대방을 제압하는 선수를 보며 마치 자신의 눈앞에 진짜 신이 강림한 듯 관람석에서 각종 방언을 쏟아내며 이들을 찬양한다. 스포츠 팬은 자신이 응원하는 선수와 팀을 곧 자신과 동일시identification하며 큰 희열을 느낀다. 문제는 이러한 과정을 통해 프로스포츠와 아마추어 스포츠 간 간극이 지나치게 크게 벌어지고 이 둘이 마치 구분할 수 없는 별개 영역인 것처럼 확실한 경계가 그어졌다는 사실이다. 실력이 출중한 선수를 비난하려거나 이들을 찬양하는 팬들을 비난하려는 것이 아니다. 많은 시간과 막대한 돈을 투자한 선수나 구단이 신이나 종교로 추앙받고 모든 명예와 부를 가져가는 독식 구조가 과연 올바른가에 대한 방향성 문제다. 사회 전 분야에서 돈 있고 힘 있는 자가 살아남는 약육강식 시대가 지속된 지 오래다. 적어도 프로당구만은 치열한 경쟁의 흐름에서 한 걸음 물러나 상대방을 존중하고 우정과 신뢰를 쌓아나갈 수 있는 무대가 되었으면 한다. 전 세계 수많은 스포츠 종목 중 당구 하나쯤은 피 튀기는 지긋지긋한 경쟁 구도에서 벗어나 부담 없이 즐길 수 있는 무대가 되어도 괜찮지 않겠는가? 스포츠 자본주의 세상에서 벗어나 세상 그 어디에서도 느끼지 못한 색다른 재미와 감동이 살아 있는 무대, 프로당구가 그리는 청사진이다. 아래 사례는 프로당구 흥행을 위해 어쩔 수 없는 선택으로 시작했지만, 세상에 없는 당구가 어떤 모습인지 보여주는 대표적인 사례로 자본 논리 하나에 따라 프로리그가 운영되는 현실에 색다른 시각을 제공할 기회가 되길 희망한다.

세상에 없는 당구

★ 평범한 과자가게 직원, 세계 최강자와 맞붙다

22-23시즌 크라운해태 PBA챔피언십에서 최진효 차장이
세계랭킹 1위 프레드릭 쿠드롱과 맞대결을 펼쳤다

　대회 후원사이자 크라운해태 라온 팀 매니저가 프로당구 대회에 출전
했다. 그 주인공은 최진효 차장이다. 그간 최진효 차장은 소속 선수가 안
정적으로 훈련하고 경기에 임할 수 있도록 지원하는 역할에 충실했다.
그런데 프로당구 와일드카드 제도로 프로무대에 깜짝 데뷔하게 됐다. 최
진효 차장은 30년 가까이 동호인 생활을 할 정도로 당구에 진심이며 당
구 실력에 있어서도 웬만한 동호인에게 밀리지 않을 정도로 탄탄한 실력
을 갖췄다. 평소 최진효 차장의 당구사랑을 눈여겨본 크라운해태 윤영달
회장이 와일드카드 제도로 프로당구 대회에 출전할 것을 권유했다고 한다.

최진효 차장의 대회 출전과 더불어 더욱 눈길을 끄는 대목은 그의 데뷔전 상대다. 프로당구 정규투어는 최근 10개 대회에서 거둔 성적을 바탕으로 대진표를 작성하는데 첫 출전인 최진효 차장은 랭킹 포인트가 없기 때문에 불가피하게 최상위 선수와 맞대결하게 되었다. 이에 따라 최진효 차장과 맞상대 할 대상은 '당구의 신' 프레드릭 쿠드롱으로 결정됐다. 이 소식을 들은 최진효 차장은 소속팀 주장 김재근과 함께 하루 12시간씩 맹훈련에 돌입했다. 최진효 차장은 "프로대회의 벽은 상상하는 것보다 훨씬 높을 것"이라면서도, "당구를 사랑하는 수많은 직장인의 꿈과 희망을 위해 무모하지만 용감하게 도전했다"라고 소감을 밝혔다. 당구에 푹 빠진 평범한 직장인이 당구로 세계를 제패한 최강자와 맞붙으면 어떤 결과가 나올까? 상상에서나 있을 법한 일이 현실이 됐다. 전 세계 당구팬들의 시선이 집중된 가운데 최진효 차장은 세트스코어 3:0(15-1, 15-14, 15-8)으로 완패했다. 비록 완패하기는 했지만, 최진효 차장은 2세트에서 예상치 못한 선전으로 세계 최강자의 간담을 서늘하게 만들기도 했다. 쿠드롱과 맞붙은 최진효 차장은 이번 일을 계기로 당구의 매력에 더 빠졌다고 전했다. "시스템(당구공의 길을 계산하는 방식)과 임팩트 순간에만 집중하면 스트로크(타법)를 놓치게 되고, 두께를 잘 가늠하면 회전과 당점(큐로 공을 치는 지점)을 간과하는 실수를 하게 된다"라며 "당구에서는 끊임없이 정복하고 싶은 목표가 생겨난다"라고 말했다. 최진효 차장은 다음 상대로 최근 프로당구에 합류해 우승한 튀르키예 세미 세이기너 선수를 목표로 삼는다고 우스갯소리를 했다.

세상에 없는 당구

★ 입당구 해설자 프로당구 접수

"야개요 야개, 좀 더 세게 쳤어야죠~"

구수한 사투리가 일품인 김현석 해설위원과 김선신 아나운서가 시타하고 있다

    구수한 사투리가 일품인 해설위원이 선수로 변신해 세계 최강자와 맞붙었다. 이것이 가능하냐고? 물론 프로당구에서는 가능하다. 프로당구 역사상 최대 이변이 일어났다. 감칠맛 나는 사투리, 샤우팅 하듯 열정적인 해설로 유명세를 얻은 김현석 해설위원이 프로당구 128강에서 세계 최강 프레드릭 쿠드롱을 격파한 것이다. 김현석 해설은 이 기세를 몰아 64강전에서 프로당구 우승자 김병호를 꺾고 32강에 올랐다. 김현석 해설의 유쾌한 도전은 32강 전에서 정해창 선수에게 1-3으로 패하며 멈췄지만, 많은 당구 팬에게 신선한 즐거움을 선사했다.

    현재 방송해설가로 맹활약 중인 김현석은 지난 22-23시즌 7차 투어에서 와일드카드 제도로 프로 무대에 처음 출전했다. 첫 대진이 당구 황제 프레드릭 쿠드롱과 잡히면서 화제를 모았다. 사실 김현석 해설은 숨

겨진 아마 당구 고수다. 전라도 광주 출신으로 무등산 폭격기라는 별명을 가지고 있다. 그는 과거 전국대회 1회 우승, MBC-ESPN 2회 우승 등 수상 경력이 있고, 2022년 전국체전 32위를 포함해 전국 체전 메달 6개를 가지고 있다. 김현석은 프로 출범 이후 풍부한 실전 경험을 바탕으로 한 유쾌한 해설로 큰 인기를 끌었다. 김현석 해설위원이 맡은 경기는 동시접속자 수가 급증하고 실시간 댓글 창이 폭발할 정도다. 많은 당구 팬 관심 속에 열린 김현석 대 쿠드롱 경기는 유튜브 동시 접속자 수 1만 2천 명을 기록했다. 웬만한 결승전에 해당하는 유튜브 동시 접속자 수를 기록한 셈이다. 재미있는 점은 김현석 해설 도전으로 대타로 해설을 맡게 된 김선신 캐스터와 강상구 해설 역시 큰 인기를 얻었다는 점이다.

김선신: 일단, 김현석 선수가 당구장에 간 지 9개월 만에 4백 점을 칠 정도로 당구 천재라고 하셨어요. 본인입으로 말씀하고 다녔습니다.

강상구: 네, 그 얘긴 저도 들었어요.

김선신: (김현석 뱅크샷 실패 후) 지금은 너무 야가게 친 거 아닌가요?

강상구: (웃음, 피식)

김선신: 아~ 무등산 폭격기, 빨리 날아야 할 것 같은데요...

강상구: 폭격을 해야 하는데 계속 비행만 하고 있어요.

강상구: 경기장에서 김현석 선수를 만났는데 저하고 김선신 아나운서에게 당부를 한 게 있어요~~

김선신: 어떤 걸 당부하셨죠?

강상구: 재방송 볼 거니까 멘트 확실하게 하라고...

김선신: 저는 무섭지 않습니다. 저는 후환이 두렵지 않습니다.

김선신: 힘이 야게요~

강상구: 너무 야게요~ 야가죠!

김선신: 아마 본인이 그 얘기 하고 싶으셔서 입이 간질간질하실 거예요~~

강상구: 지금 저희 목소리가 메아리처럼 울릴 거예요~

김선신: 이거 분명히 '김선신하고 강상구가 야게요 하겠구먼.'라고 생
각하고 있을 거예요~

김현석 선수 경기를 중계한 강상구와 김선신 아나운서 간 주고 받은
멘트 역시 큰 화제를 낳았다. 의도치 않은 편파 중계로 당구의 새로운 재
미를 더했다는 평가다.

★ 당구황제 잡은 해커 반란

아마당구 최고수 해커(본명: 안광준)가 가면을 쓰고 프로무대에 출전했다

지난 21-22시즌 프로당구 개막전 128강에서 당구 유튜버 해커와 베
트남 특급 마민캄이 맞붙었다. 베트남 국적 마민캄 선수는 당구 황제 프
레드릭 쿠드롱과의 경기에서 연일 역사에 남을 만한 명승부를 펼치며
'쿠드롱 천적'이라는 별명이 붙은 선수다. 재야 고수 해커는 유튜브 구독
자 수 9만 명에 이르는 당구 인플루언서다. 해커는 자신의 방송에서 프
로 선수와 비공식 경기를 가지며 재미있는 입담으로 많은 당구 팬의 사

랑을 받고 있다. 당구 유튜버 해커도 와일드카드 제도로 프로무대를 밟게 됐다. 트레이드 마크 '가면'을 앞세워 인지도를 쌓은 해커는 당구 팬들 사이에서 재야의 고수로 일컬어진다. 과거 아마추어 대회에서 우승한 경험이 있는 해커는 40점을 두고 치는 초고수이다. 해커와 마민캄 대결은 아마추어 초고수와 프로 실력 차이를 가늠할 수 있기 때문에 무척 흥미로운 대결이 아닐 수 없었다. 하지만 많은 이들의 기대와 달리 결과는 마민캄 완승이었다.

해커와 마민캄 간 맞대결 결과를 두고 아마추어는 역시 안된다는 생각이 채 가기 전, 2차전에 출전한 해커는 아마당구 최고수다운 실력을 유감없이 뽐내며 프로당구 무대를 해킹하는 데 성공한다. 해커는 추석 기간 열린 21-22시즌 프로당구 2차전에서 이상철과 전성일을 누르며 32강에 진출했다. 32강에 선착한 선수는 다름 아닌 당구 황제 프레드릭 쿠드롱이었다. 세계 최강자를 상대로 밑져야 본전이었던 해커는 당구 황제를 상대로 파상공세를 퍼부었고 마침내 세계 최강자를 무너뜨리는 데 성공한다. 32강에서 세계 최강자를 꺾은 해커는 그 여세를 몰아 16강, 8강 전에서 김남수와 김종원을 꺾고 4강까지 오르는 기염을 토했다. 비록 4강에서 스페인 강자 다비드 마르티네스를 만나 패배하긴 했지만, 해커는 공이 둥글다는 스포츠계 명제가 당구판에서도 유효하다는 사실을 증명했다.

그런데 해커 출전을 두고 찬반 여론이 일었다. 가면과 모자를 쓰고 실명이 아닌 별명으로 출전한 것이 문제가 되었다. 일부 당구 팬은 이를 두고 프로당구가 스포츠가 아닌 쇼라고 비난했다. 동시에 해커를 상대한 프로 선수 실력이 아마추어와 비슷하거나 그보다 못한 것 아니냐는 비난도 서슴지 않았다. 아마추어 당구 고수가 이번 대회 최대 수혜자가 아니냐는 의견도 쏟아졌다. 일부 선수는 해커 출전으로 대회 출전권이 1장 없어지는 것에 대해 프로 출범 이후 직장도 포기하고 당구를 치는데 그 꿈을 한순간에 짓밟는 행위라며 보이콧(Boycott, 부당한 행위에 맞서 집단이 조직적으로 벌이는 거부운동)이야기를 꺼내기도 했다.

★ 와일드카드 제도란 무엇인가?

프로당구는 대회당 128명이 출전한다. 128명 선수 중 120명은 성적 순으로 출전하고 나머지 8명은 와일드카드 제도로 대회에 출전한다. 와일드카드 선발은 스폰서 추천 4명, 경기위원회 추천 4명으로 구성되어 있다. 앞서 설명한 과자가게 직원, 방송해설위원, 당구 인플루언서인 해커 모두 이 와일드카드 제도를 통해 프로 무대를 경험했다. 당구 와일드카드 제도는 골프대회를 벤치마킹했다. 현재 한국프로골프협회KPGA는 평균 필드사이즈 144명 중 10% 이하를 대상으로 추천선수 제도를 운용하고 있다. 아마추어 골프선수 경우 국가대표 상비군 이상의 경력을 쌓았거나 대한골프협회 주관 전국 규모 대회 5위 이내 입상, 공인 핸디캡 3 이하일 경우 추천이 가능하다. 2021년 4월 KPGA무대에 박찬호 선수가 출전했다. 당시 박찬호는 공인 핸디캡 3 이하 자격으로 대회에 출전했다. 메이저리그 124승에 빛나는 레전드 스타 등장은 대회 흥행과 별개로 많은 비난을 받았다. "KPGA투어를 너무 우습게 본 것 아니냐?" 식의 비난이 쏟아졌다. 박찬호는 156명 선수 중 153위를 기록하며 예선 탈락한다. 당시 박찬호 선수는 함께 라운딩한 '김형성', '박재범' 선수의 이름으로 KPGA에 총 3,000만 원을 기부하며 남자 프로골프의 발전을 기원했다. 박찬호는 언론과 인터뷰를 통해 앞으로도 KPGA무대에서 아마추어 선수들이 계속해서 도전할 기회가 주어진다면 KPGA흥행과 더불어 남자골프에 대한 관심이 더 커질 것이라 말했다. 여자프로골프와 달리 스타 배출이 더딘 남자프로골프 입장에서 전직 메이저리거 박찬호 선수 출전은 투어에 새로운 활력을 불러일으켰다. 실제 박찬호 선수 출전은 성적을 떠나 출전 그 자체만으로 수많은 언론의 주목을 받는 데 성공한다. 하지만 언론의 관심보다 더 주목해야 하는 사실은 박찬호 선수와 같은 아마추어 선수들이 프로무대에 도전하면서 일반 골프 팬과 소통할 기회도 활짝 열렸다는 점이다. 이날 중계 게시판에는 "역시나 프로 벽은 높구나!", "나라면 이 상황에서 이렇게 했을 텐데~"와 같은 다양한 의견이 오갔다. 무엇보다 프로와 함께 플레이하는 박찬호 선수 모습을 보며 많은 골프 팬은 자연스레 자신과 같은 입장에 놓인 박찬호 선수에게 더 큰 응원의 박수를 보냈다. 박찬호 선수 프로 무대 도전은 경기 결과와 상관없이 한 아마추어 선수가 도전하는 과정을 보여줌으로써 승패가 주는 감동의 한계를 넘어 해당 종목에 더 몰입하고 골프에 대한 관심을 불러일으키는 원동력으로 작용했다는 점에서 의미있다.

★ 그러니까 왜 해커가 우승하면 안 되는데?

해커(본명: 안광준)가 프레드릭 쿠드롱을 꺾고 인터뷰하고 있는 장면

　2021년 추석, 프로당구 무대에 가면 쓴 아마추어 한 명이 모습을 드러냈다. 당구 동호인 사이에서 최강으로 추앙받는 해커가 그 주인공이다. 해커는 프로당구 출범 이전부터 당구 온라인 커뮤니티에서 큰 영향력을 행사하고 있던 터라 아마추어 해커가 프로 무대에서 어떤 실력을 보여줄지에 대한 많은 관심이 쏟아졌다. 아마 당구 고수 해커 도전은 이번이 두 번째였다. 지난 데뷔전 무대에서 베트남 강호 마민캄을 상대로 128강에

서 탈락했던 탓에 해커 역시 자신에게 쏟아진 관심이 적잖이 부담되었을 것이다. 그러나 해커는 부담을 떨치고 경기에 임했고 32강전에서 세계 최강 프레드릭 쿠드롱을 꺾고 4강에 오르는 기염을 토했다.

사실 아마추어가 프로 대회에서 우승하는 일은 프로골프 분야에서는 흔한 일이다. 대표적으로 박세리와 박인비가 있다. 박세리와 박인비는 둘 다 주니어 시절 골프 신동이었다. 공주금성여고 재학 때 박세리는 프로 잡는 아마추어 여고생으로 유명했다. 아마추어 신분으로 프로 대회에서 8승을 올렸다. 1995년에는 한국여자프로골프 투어 대회 12개 가운데 4개 대회를 석권했다. 박인비는 미국 유학 시절 미국 주니어 무대 최강자였다. 미국주니어골프협회 주관 전국대회에서 9차례 우승했고 2002년 US여자주니어선수권대회를 제패했다. 두 선수 모두 프로로 전향한 이후 골프계에 굵직한 발자취를 남겼다. 이런 측면에서 아마당구 고수 해커의 선전을 바라본다면 그가 프로 무대에서 우승하는 장면은 그다지 놀랄만한 일도 아니다. 하지만 문제는 해커의 일부 극성팬이었다. 해커의 극성팬들은 대회 기간 동안 해커와 맞붙는 상대 프로에게 시종일관 공격적인 태도를 보였다. 해커 경기가 있는 날이면 유튜브 댓글 창에 선수 개인사, 외모 비하, 악의적 욕설로 가득했다. 해커 출전 자격 논란보다 시급히 개선해야 할 과제로 성숙한 당구 문화를 위해 구성원 모두의 공감대와 개선의지가 필요한 시점이다.

이상으로 와일드 카드 제도로 출전한 아마추어 당구 선수 이야기를 살펴봤다. 스포츠 미디어 학자 윗슨은 스포츠가 전문화되면서 구경꾼으로서 비용을 지불하는 보통 사람들Ordinary people에게 소비되는 것으로 변모했다고 말했다. 스포츠 산업이 한 차원 높게 발전하기 위해서는 보통 사람들이Ordinary people 방관자 위치에서 벗어나 참여자로 함께 할 기회를 제공해야 한다. 위 과자가게 직원, 방송해설위원, 당구 인플루언서 사례처럼 아마추어가 프로 무대에서 얼마나 통할 수 있는지 그 한계와 가능성을 시도할 수 있는 장을 마련하는 것만으로도 더 많은 아마추어가 프로 무대에 관심을 가지게 되고 이는 곧 아마추어 활성화에도 도움이 될 것이다.

★ 새로운 시도는 비난이 따른다

새로운 시도는 새로운 비난을 동반한다. 이제 프로 5년 차를 맞은 프로당구는 비인기 스포츠 종목으로 살아남기 위해 매 대회 흥행이 절실했다. 지금이야 전 세계적으로 유명한 선수가 대거 합류해 경기 수준과 인기가 크게 올라갔지만, 출범 1~2년 차에는 선수층이 얇은 상황이어서 언제나 대회 흥행이 최우선 과제였다. 22-23시즌 2차전에 출전한 해커 경기는 32강, 16강, 4강에 거쳐 연일 유튜브 최고 시청자 수를 경신하며 큰화제를 모으는 데 성공한다. 해커 경기는 쿠드롱과 32강 전에서 20,424명, 김남수와 16강 전에서 26,445명, 다비드 마르티네스와 4강 전에서 무려 30,500명을 돌파하는 기염을 토했다. 해커와 스페인 강호 마르티네스 4강 전은 당시 프로당구 사상 최고 유튜브 동시 접속자 수였다. 지상파 방송사를 비롯한 온·오프라인 주요 매체는 해커 선전에 놀라움을 표하며 연일 보도에 나섰다. 참고로, 23-24시즌은 더 많은 당구 팬이 프로당구에 관심을 가지면서 주요 경기 기준으로 약 4만 명 내외의 동시접속자 수를 기록 중이다.

앞에서 언급한 과자가게 직원, 당구 해설위원, 당구 인플루언서 등 아마고수가 와일드카드 제도를 활용해 프로 무대에 출전하게 되면서 경기를 보는 팬 입장에서는 피 튀기는 대결 구도가 주는 '자극적인 재미'에서 벗어나 경기 결과와 상관없이 자신과 같은 처지에 놓인 언더독의 선전을 응원하는 이색적인 경험을 할 수 있게 되었다. 와일드카드 제도는 흥행과 더불어 색다른 재미를 주자는 취지에서 시작했는데 아직까지 이 제도가 생소한 당구 팬과 당구 선수에게 그 취지를 더욱 잘 설명할 필요가 있었다. 와일드카드 제도는 생존을 위해 분투해야 했던 프로당구 현실을 반영한 결과물의 일부로 이 자리를 빌려 잠시나마 혼란을 겪었을 당구

세상에 없는 당구

팬과 선수에게 죄송하다는 말씀을 드린다.

프로당구 출범 이후 시간이 흘러 선수 생활에 뜻이 있는 김현석 해설위원의 경우 23-24시즌 우선 선수 등록을 통해 1부 투어에서 당당히 뛰고 있고 과자가게 직원 최진효 차장은 자신의 회사가 후원하는 프로당구 팀에 더욱 애착을 가지고 팀이 좋은 성적을 거둘 수 있도록 헌신적으로 노력 중이다. 당구 인플루언서 해커 역시 자신이 꿈꾸는 즐거운 당구를 전파하기 위해 프로 선수와 교류를 확대하며 자신이 직접 운영하는 당구장과 인터넷 방송 분야에서 맹활약 중이다. 이들 모두 찰나의 즐거운 일탈을 삶의 활력소로 삼아 각자 분야에서 자기 역할을 충실히 하고 있다. 새로운 시도에 따른 비난의 상처가 채 아물기도 전에 프로당구는 새로운 시즌을 맞는다. 이번에는 어떤 선수가 와일드카드로 깜짝 출전할까? 김현석 해설위원처럼 당구 선수로 우승 경험이 있는 김규식 해설위원일까? 베일에 가려진 당구 고수 출연이 기대된다. 프로당구가 대중에게 더 가깝게 다가서기 위해서는 해커와 같은 숨은 재야의 당구 고수가 어떻게 하면 프로와 공존할 수 있는가에 대한 논의를 지속적으로 이어가야 할 것이다.

해설위원이자 프로선수로 활동하고 있는 김현석

2-4 지금부터 당구는 팀 스포츠, 팀리그 출현

★ 세상에 없는 당구 출현

22-23시즌 프로당구 팀리그 파이널 챔피언 결정전 선수 소개 모습

프로당구 모토는 세상에 없는 당구다. 프로당구 출범 이후 가장 파격적인 혁신을 꼽자면 팀리그 출현이다. 프로당구가 지향하는 새로운 당구, 미래 당구의 모습과 가장 잘 어울리는 스포츠 이벤트가 바로 프로당

구 팀리그가 아닌가 싶다. 팀리그는 이전까지 개인전에서 맞붙었던 선수
가 팀을 이뤄 경기를 펼치면 어떤 모습일까라는 발상에서 시작했다. 지
난 2020년 6개 팀으로 포문을 열어 2023년 현재 9팀 체제로 운영 중이다.

프로당구 팀리그는 2020년 6개 팀으로 시작했다

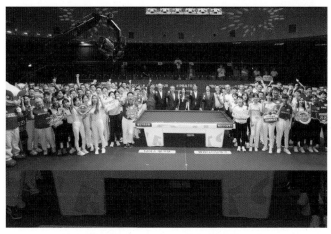

2023년 프로당구 팀리그에 참가한 팀은 9개로 늘어났다

이전 당구 종목에서 팀전이 전혀 없었던 것은 아니다. 대표적으로
1994년 시작한 모스코니컵이 있다. 포켓 9볼 팀 대항전으로 미국 선수 5
명, 유럽 선수 5명이 출전해 팀을 이뤄 경기를 펼친다. 캐롬 종목에서는

세계 팀 3쿠션 선수권 대회가 있다. 세계 팀 3쿠션 선수권 대회는 16개 국이 출전해 나라마다 2명씩 짝을 이뤄 경기를 펼친다. 대한민국은 2017 년 최성원 선수와 김재근 선수가 2018년 최성원 선수와 강동궁 선수가 팀을 이뤄 2연패를 달성하기도 했다. 하지만 그간 당구 종목 팀전은 일 년에 한 번 열리는 단발성 이벤트 경기였다. 프로당구 팀전은 팀당 6~7 명으로 팀을 구성하고 시즌 내내 경기를 펼치는 리그 형태로 진화한다는 점에서 기존 팀전과 큰 차이를 보인다.

비슷한 예로 리브골프를 들 수 있다. 리브골프는 '골프의 미래'라는 모 토를 앞세우며 지난 2022년 6월 첫 번째 이벤트를 개최했다. 리브골프는 골프계 거대 공룡 PGA투어에 맞서 탄생한 신생 단체로 21세기 전 세계 스포츠계 최대 화두로 떠오른 단체다. 리브골프가 골프의 미래를 자처하 며 새롭게 선보인 이벤트가 바로 팀전이다. 그간 골프계에서는 라이더 컵(미국 VS 유럽), 프레지던츠 컵(미국 VS 비유럽)과 같은 국가 대항전이 단발 성 이벤트로 개최되었는데 프로당구와 마찬가지로 시즌 내내 팀전을 활 성화했다는 점에서 기존 골프대회 팀전과 확연한 차이를 보인다. 리브골 프나 프로당구나 팀전을 바탕으로 새로운 활로를 모색하고 있기는 하지 만 비슷한 시기 양 단체가 선보인 팀전은 차이가 있다.

잠깐 리브골프 팀전을 살펴보자. 리브골프는 총 48명 선수가 4명씩 짝을 이뤄 12팀을 이룬다. 리브골프 팀전은 선수 각자가 플레이(같은 팀이 지만 다른 조에 섞여 개인 플레이를 한다)하고 경기 종료 후 자신의 점수를 팀 동 료 선수와 합산해 팀 성적을 산정하는 방식이다. 리브골프는 매 대회를 앞두고 팀 구성원 일부를 새롭게 뽑아 경기를 펼치고 있는데 팀 간 색깔 이 뚜렷하지 않고 팀 순위가 개별 선수 성적을 단순 합산하는 정도에 그 친다는 단점이 있다. 모름지기 팀전이라고 하면 포섬(foursome, 2명이 한 조 로 경기하며 한 개 공으로 한 번씩 번갈아 가며 플레이하는 방식)이나 포볼(four-ball, 2 명이 한 조로 경기하며 각자 자신의 공으로 플레이를 한 뒤 더 좋은 스코어를 그 조의 스코 어로 삼는 방식)과 같은 경기 방식으로 함께 팀을 이룬 선수 간 호흡을 보는

세상에 없는 당구

재미가 있어야 하는데 리브골프는 이 점이 부족하다.

반면 프로당구 팀리그는 23-24시즌 기준 총 9팀이 있다. 팀당 6~7명으로 구성되어 총 61명의 선수가 뛰고 있다. 팀리그는 경기 방식은 1세트 남자 복식(11점), 2세트 여자 복식(9점), 3세트 남자 단식(15점), 4세트 남녀혼합복식(9점), 5세트 남자 단식(11점), 6세트 여자 단식(9점), 7세트 남자 단식(11점)으로 구성되었다. 남녀 선수가 함께 팀을 이뤄 뛰는 것이 특징이다. K-더블 방식(한 선수가 득점에 성공하면 계속 공격을 이어가는 경기 방식)과 스카치 더블 방식(두 명의 선수가 한 경기에서 번갈아 가며 공격)도 이색적이다. 함께 뛰는 선수 간 호흡을 보는 재미가 있다.

새로움과 혁신을 내세우며 우연히도 비슷한 시기에 탄생한 리브골프와 프로당구는 새로운 활로를 모색하기 위해 팀전을 선택했다. 개인 종목을 팀 종목으로 새롭게 해석하며 각자의 방식대로 해당 종목 팬을 잡기 위해 노력 중이다. 개인적으로 해당 종목 인기와 별개로 팀 간 호흡이나 색깔을 보여주기에 리브골프 팀전보다 프로당구 팀전이 한층 진일보한 모델이라 생각한다.

하지만 리브골프 팀전이나 프로당구 팀리그 모두 개인전 위주의 종목을 팀전 형태로 한 단계 진화했다는 평이다. 개인 종목의 변신은 그간 스포츠가 가진 상식과 고정관념에 도전하는 혁신에 대한 열망이 담겨있다. 알알이 흩어져 있던 선수 개개인이 모여 팀 스포츠로 다시 태어난 당구는 프로당구의 정체성을 확보하는 데 커다란 역할을 했다. 위 사례를 통해 팀 종목이 개인 종목으로 새롭게 태어나는 일도 충분히 가능한 일이다(5대5 농구가 1대1 농구로 프로화된다면 어떤 느낌일까?). 개인 종목이 스폰서 구하기 유리한 조건이기 때문에 충분히 시도해 봄 직하다. 당구가 새로운 시대를 맞이하는데 길잡이 역할을 한 것이다. 지금부터 세상에 없는 당구, 프로당구 팀리그가 어떻게 탄생하고 성장했는지 살펴보자.

★ 모든 것이 암울한 시기 탄생한 팀리그

프로당구 팀리그는 코로나19가 한창인 지난 2020년 8월 '세상에 없는 당구'를 표방하며 출범했다. 프로당구 팀리그가 출범한 2020년은 코로나19로 인해 불확실성이 최고조에 달았던 시기다. 세계캐롬연맹UMB는 2020년 2월 개최한 안탈리아 월드컵을 제외한 나머지 월드컵, 세계선수권 대회 등 모든 일정을 취소하고 2020년 전체 대회를 조기 마감했다. 대한당구연맹KBF 역시 코로나19로 2020년 강원도 철원에서 개최할 예정이었던 첫 대회인 전국당구대회 '철원오대쌀배전국3쿠션당구대회'를 취소하면서 2020년에 열릴 모든 대회 일정을 취소했다. 모든 것이 멈춰버린 전대미문의 위기 속에서 팀리그 출범 시기를 미뤄야 한다는 의견도 있었지만, 코로나19로 인해 대다수 스포츠 중계가 멈춘 상황에서 새로운 이벤트로 그 빈 자리를 노리며 새로운 활로를 뚫어보고자 하는 의지가 앞섰다.

하지만 코로나19는 팀리그 출범에 여전히 위협적인 존재였다. 스포츠는 말할 것도 없이 전 세계 주요 산업이 일순간에 마비된 상황에서 새로운 리그 창설은 해야 할 이유보다 하지 말아야 할 이유로 넘쳐났다. 더군다나 프로당구는 글로벌 투어로 외국 선수 비중이 약 20~25%에 달할 정도로 높은 편이다. 튀르키예, 벨기에, 스페인, 덴마크, 프랑스, 미국, 멕시코, 베트남, 일본, 캄보디아 등 총 14개 나라 선수가 참여하고 있다. PBA 팀리그 역시 팀당 외국인 선수 1~3명 포함되어 있다. 코로나19 당시 국내 입국하는 외국인은 2주간 자가격리를 해야 하는 상황이라 정규투어와 팀리그를 동시에 병행하는 것이 쉽지 않았다. 실제, 국내 유일 PGA대회인 THE CJ CUP과 같은 대형 스포츠 이벤트는 2020년부터 미국에서 대회를 개최하기로 했다. 출입국 시 자가격리 문제로 국내에서 대회를 개최하는 게 어려웠기 때문이다.

하지만 2019년 모든 당구인의 염원을 담아 이제 막 출범한 프로당구가 더 이상 물러날 곳은 없었다. 이제 막 싹을 틔운 프로당구가 꽃 한번

피우지 못하고 사라질 수 있는 최악의 상황에서 새로운 돌파구를 만들어 내지 않는다면 더 큰 위기가 닥칠 것이라는 위기의식과 어떻게든 살아야 한다는 간절함이 어려운 상황을 버틸 수 있는 원동력이 됐다.

이런 상황에서 프로당구가 정상적으로 대회를 이어가기 위해 내린 첫 번째 조치는 대회 일정 조정이었다. 당초 2020년 8월 20일 개막하기로 했던 팀리그 개막전을 9월 10일로 연기했다. 해외선수 비자 발급 일정과 체류 기간 그리고 2주간 격리기간을 고려하여 투어 일정을 압축함으로써 해외선수가 체류 기간 동안 최대한 많은 대회에 참가할 수 있도록 했다.

방역 역시 정부 지침을 준수하며 마스크, 손소독제를 곳곳에 비치하고 경기 전후 선수 및 관계자를 대상으로 발열 체크를 수시로 진행했다. 그나마 다행인 점은 당구는 작은 공간에서 경기를 펼칠 수 있는 몇 안 되는 종목에다가 타 스포츠 종목 대비 적은 인원으로 경기 진행이 가능했기 때문에 방역 통제가 수월한 편이었다. 국내 방역체계 수준이 해외보다 높았다는 점 역시 대회를 안정적으로 운영할 수 있는 발판이 되었다. 대한민국이 상대적으로 안전한 나라라는 이미지로 외국인 선수 참여율을 높일 수 있었기 때문이다. 19-20시즌 프로당구 상금랭킹 1위를 기록한 스페인 다비드 마르티네스 선수는 "솔직히 오기 전에 많이 걱정했는데, 한국의 방역 체계가 매우 인상 깊었다"고 평가했다. 2020년 당시 스페인은 코로나19 확진자 30만 명에 사망자가 약 3만 명에 다다를 정도로 확진자가 많은 나라였다.

스페인 강호 다비드 마르티네스

하지만 뭐니 뭐니 해도 코로나19를 이겨내는 데는 우리나라 당구 선수 역할이 가장 컸다. 대한민국 국적 선수가 상당부분(75~80%)를 차지하는 프로당구 무대에서 국내 선수는 삼수, 사수도 아닌 무려 오수 끝에 어렵게 출범한 프로대회가 멈추면 안 된다는 생각에 선수 스스로 경기장 외 외출을 자제했다. 프로당구가 멈추면 안 된다는 절실함은 코로나19 기간 내내 이어졌다.

물론 프로당구 역시 코로나19 영향권에서 완전히 벗어날 수는 없었다. 21-22시즌을 맞은 프로당구는 2022년 1월 21일 팀리그 6라운드를 연기했다. 팀리그 선수 중 일부가 코로나19 확진 판정을 받았기 때문이다. 하지만 이것이 전부였다. 프로당구는 선수와 관계자 모두가 한마음 한뜻으로 합심해 코로나19 위협이 가장 컸던 지난 2020년과 2021년을 무사히 이겨냈다.

세상에 없는 당구

22-23시즌 프로당구 팀리그 포스트시즌에서 블루원 엔젤스가 창단 첫 우승을 차지했다

돌이켜 생각해 보면 프로당구가 신생 단체여서 규모가 작았기 때문에 가능한 일이었다. 규모가 작다는 점을 십분 활용해 위기 상황마다 신속한 의사결정을 내릴 수 있었다. 야구나 축구처럼 국민적 관심사가 덜한 종목이었다는 점 역시 코로나 시국에도 불구하고 대회를 지속해서 개최하는 데 따른 부담을 줄일 수 있는 요소가 됐다. 여러모로 운이 좋았다고밖에 표현할 방법이 없지만 프로당구 구성원에게 코로나19 기간은 운또한 절실함을 바탕으로 노력하는 자에게 돌아온다는 교훈을 깨달을 수 있는 소중한 순간이었다.

★ 당구계 새로운 생태계 조성

프로당구는 1부 투어 기준 PBA 128명, LPBA 128명이 경쟁하는 구조다. 여기에 2, 3부 투어를 운영해 승강제 시스템을 도입했다. 2부, 3부에서 좋은 성적을 거둔 선수는 1부 투어로 진출이 가능하다. 현재, 2부 투어 약 200명, 3부 투어 400여 명이 활동 중이다.

프로당구 팀리그에는 1부 투어에서 성적이 좋은 상위권 선수와 스타성 높은 선수, 성장 가능성이 큰 선수가 한 팀을 이루고 있다. 프로당구 선수가 팀에 소속되었다는 것은 곧 해당 선수가 스타 플레이어 반열에 올랐다는 의미이기도 하다. 프로당구 팀리그는 20-21시즌 6팀으로 시작했는데 23-24시즌 기준 9팀 총 61명 선수가 활동 중이다. 팀당 6~7명 선수로 구성되있다.

팀리그에 소속된 선수들은 각 구단에서 연봉을 받으면서 안정적인 선수 생활이 가능한데 정규투어와 팀리그 간 연계는 전 세계 스포츠 역사상 유례를 찾아볼 수 없는 구조다. 만약, 이러한 구조를 PGA투어가 벤치마킹한다면 팀전을 전면에 앞세운 리브골프의 파상 공세를 충분히 막을 수 있으리라 예상한다. 2023년 6월 양 단체가 합병을 선언했지만, 리브골프가 내세운 혁신의 아이콘 '팀전'의 기본 개념은 어떤 형태로든 간에 살아남을 것이라 예상한다. 개인적으로는 프로당구 팀전이 양 단체가 불협화음 없이 통합할 수 있는 힌트를 제공하고 있다고 생각한다.

프로당구는 향후 팀을 10개까지 확대 운영할 계획이다. 이에 따라 더욱더 많은 선수가 당구에만 전념할 수 있을 것이다. 향후 다른 스포츠처럼 팀마다 2군, 3군 제도까지 운용해서 더 많은 선수가 안정적으로 프로 생활을 이어갈 수 있기를 희망한다. 프로당구 팀리그는 당구 선수들이 직업인으로서 당당히 프로선수 생활을 이어갈 수 있는 기틀을 제공했다. 팀리그 출범으로 당구 하나만으로도 '부'와 '명예'를 동시에 일궈낼 수 있는 시대가 열린 셈이다.

★ 선수가 응원단

코로나19 팬데믹 상황에서 출범한 프로당구 팀리그에 빠져 있는 가장 아쉬운 요소를 하나 꼽자면 바로 '관중' 부재였다. 2019년 프로당구 출범 당시만 하더라도 선수들은 관중들의 뜨거운 환호 속에서 경기를 치렀는데 코로나19가 터진 지 불과 1년 만인 2020년 상황은 180도 달랐다. 다른 스포츠와 마찬가지로 관중이 사라진 경기장 환경은 선수에게 여러모로 낯설기만 했다. 멋진 플레이에 열광하는 관중 부재는 프로당구 선수에게 프로다운 면모를 어떻게 보여줄 것인가라는 또 다른 과제를 남겼다. 관중이 없는 프로스포츠라니? 자칫 우리들만의 리그로 전락할 수 있는 상황이었다. 고무적인 것은 당구 선수 스스로가 발 벗고 나섰다는 점이다. 선수들은 아무도 없는 텅 빈 관중석을 대신해 자기 팀 선수들에게 열띤 박수와 호응을 보냈다. 이 과정에서 플래카드는 물론 북, 나팔까지 등장했다. 자기 팀 선수들이 득점할 땐 열띤 박수와 호응을 보냈고 컨디션이 안 좋아 득점에 실패한 선수에게는 되레 더 큰 응원의 박수가 이어졌다. 선수들의 파이팅이 전파를 타고 안방까지 전달되자 관중이 없지만 마치 관중이 있는 것과 같은 효과가 나타났다. 선수가 응원하는 것을 돕기 위해 유럽과 미국 대항전인 모스코니 컵(Mosconi cup, 모스코니는 미국의 유명한 풀 선수인 윌리 모스코니의 이름으로, 1994년 처음 시작된 유럽과 미국 간의 포켓 9볼 팀 대항전이다)보다 팀 시트와 경기 테이블 간 간격을 더 가깝게 조정했고 거대 전광판을 테이블 전면에 배치해 랜선 응원도 진행했다.

블루원엔젤스가 경기에 나선 팀원 다비드 사파타를 응원하고 있다

웰뱅피닉스의 차유람과 김예은이 경기에 나선
쿠드롱의 응원 문구가 적힌 팻말을 들고 응원하고 있다

　이미래 선수는 "저는 경기 중에 누구보다 예민한 스타일이어서 약간
걱정했다. 그런데 막상 이런 분위기에서 경기해 보니 전혀 방해가 안 되
더라. 제 경기에 팀원들이 응원해 주면 힘이 났고, 제가 벤치에서 응원할
때도 즐거웠다"고 말했다. 웰뱅피닉스 주장 프레드릭 쿠드롱은 "유럽 팀
리그와는 정말 다른 분위기다. 큰 소리로 응원하지만, 상대 팀을 존중해
가면서 하고 있다. 이런 문화가 너무 흥미롭다"고 소감을 밝혔다. 외부로
부터 수동적인 변화가 아닌 내부로부터 능동적 변화는 곧바로 위력을 드
러냈다. 해외 유명 당구 칼럼니스트들은 즉각적으로 호의적인 논평을 쏟
아냈다. 유럽당구 제1당구 지성이라 불리는 Jordi는 팀리그를 NBA는 아
니지만, 그에 버금간다고 호평했다. 과거 선수뿐만 아니라 관중까지 조
용히 지켜봐야 했던 당구의 불문율이 깨지는 순간이었다. 무엇보다 선수
스스로 변화를 택했다는 점에서 고무적이다.

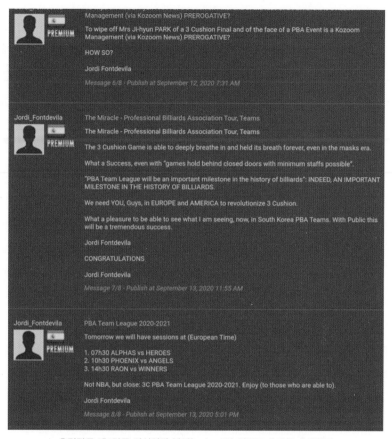

유럽당구 제1당구 지성이라 불리는 Jordi가 팀리그 출범을 축하했다

2020년 프로당구 팀리그 유튜브 동시 접속자 수는 회당 5천~7천 명 내외를 기록했다. 비슷한 시기에 제천에서 열린 MG새마을금고컵 프로배구대회 접속자 수는 평균 3천~4천 명 내외였다. 참고로 2020년 제천에서 열린 프로배구 컵 대회는 11년 만에 한국프로배구 복귀전을 치른 김연경 선수로 화제를 불러일으킨 대회였다. 이러한 놀라운 결과의 중심에는 선수가 있다. 무엇보다 당구인 스스로가 변화를 택하고 프로 반열에 스스로 올라선 것을 이 자리를 빌어 진심으로 축하한다.

★ 당구 종합선물 세트

코로나19 기간 라이브가 생명인 스포츠 경기에서 당구 팬들 사이에 프로당구 팀리그는 '한 줄기 빛'과 같은 존재였다. 지난 20여 년간 똑같은 포맷에 똑같은 선수를 지겹게 봐왔던 당구 팬들은 기존 당구 경기에 대한 피로감이 극에 달해 있었는데 팀리그라는 새로운 경기 방식이 등장하면서 당구의 새로운 묘미를 느낄 수 있었다.

프로당구 정규투어(개인전)무대에서는 상위 랭커가 무명 선수에게 불의의 일격을 당해 떨어지는 경우가 종종 있다. 당구 4대 천왕 프레드릭 쿠드롱이나 다니엘 산체스도 128강에서 탈락할 정도다. 프로당구 출범 이후 선수 실력이 올라간 것도 있고 단판 승부에다가 당구 특성상 승률이 높은 선수라 할지라도 그날의 몸 상태가 다를 수 있기 때문에 하위 랭커가 상위 랭커를 충분히 분석해서 경기를 펼친다면 누구라도 승산이 있다. 당구 황제 쿠드롱은 무명 선수에게 패한 직후 인터뷰에서 "이젠 누구라도 우승 후보"라며 두터워진 당구 선수층과 당구 실력 상향화를 인정하기도 했다. 이런 이유로 정규투어(개인전)에서는 당구 팬들이 바라는 스타 선수끼리 준결승이나 결승전에서 맞붙는 경우가 생각보다 많지 않다.

반면 팀리그에서는 성적에 따라 팀별로 상위랭커가 골고루 분산되어 있기 때문에 정규투어(개인전)에서 보기 힘든 대결 구도를 팀리그에서 더 자주 볼 수 있다. 한국 당구 간판 슈퍼맨 조재호와 헐크 강동궁 선수 간 맞대결부터 캄보디아 특급 스롱 피아비와 당구 여제 김가영, 스페인 당구 전설 다니엘 산체스와 튀르키예 당구 영웅 세미 사이그너, 영건 오태준과 임성균 선수 간 대결까지 매일 매일 당구 팬이 원하는 흥미로운 대결 구도가 펼쳐진다. 팀리그 초기 각 팀은 승리를 위해 상위 랭커끼리 맞붙는 것을 기피하기도 했는데 22-23시즌 에이스전을 의무적으로 도입해 이를 제도적으로 개선했다. 경기에 출전하는 선수를 강제로 조정하는 것에 대한 비판이 있었지만, 대회 흥행을 위한 선택으로 매 시즌 에이스전 출전 횟수를 조정하며 팬들의 반응을 살펴보고 있다.

프로당구 팀리그는 단식 경기뿐만 아니라 복식 경기도 큰 인기를 끌고 있다. 중요한 고비마다 승리를 거머쥐며 남녀혼합복식 경기에서 최고의 호흡을 자랑한 비롤 위마즈와 차유람 선수 조부터 20-21시즌 팀을 우승으로 이끈 로빈슨 모랄레스와 이미래 조도 많은 팬의 사랑을 받았다. 최근에는 강민구와 스롱 피아비 선수 조가 연승 행진을 거듭하며 최강 남녀혼합복식 조로 많은 팬의 관심을 받고 있다.

프로당구 남녀혼합복식에서 최고의 호흡을 자랑하는 스롱 피아비(좌)와 강민구(우)

남자 단식 경기가 대세인 당구판에서 이전에 보기 힘들었던 여자 당구 선수가 팀리그를 통해 모습을 드러내자, 여자 선수 경기에 재미를 느낀 일부 당구 팬은 여자복식 경기가 새롭게 추가돼야 한다는 의견이 내놓기도 했다. 실제 프로당구는 이러한 팬들의 의견을 모아 22-23시즌 여자복식제를 신설하기도 했다. 여자복식 신설에 관한 의견은 그간 주요 당구 커뮤니티를 중심으로 꾸준히 제기되었다. 여자 선수 실력이 올라가고 있고 남자복식 경기도 있는 만큼 여자복식도 신설되면 재밌겠다는 당구 팬들의 니즈Needs를 적극적으로 반영한 결과물이다. 여자 복식은 전 세계 당구계 최초 시도로 프로당구 실험정신을 반영한다. 팬 스스로가 자신의 의견을 반영하며 관람자에서 참여자로 통합했다는 점에서 의미가 있다.

참고로, 22-23시즌 이전까지 복식은 남자복식과 남녀혼합복식만 있었는데 특히, 남녀혼합복식의 경우 남자 선수가 여자 선수를 리드하는 방식으로 진행됐다. 여자 복식은 특정 선수가 끌고 간다기보다 상의하며 나온 결과물을 지켜보는 재미가 있다. 여담으로 팀리그 초기 복식경기에서 선수끼리 볼 공략을 상의하는 것에 익숙하지 않았다. 복식 경기지만 같은 팀이 볼을 칠 경우 자기 자리에 앉아 있다가 자기 차례가 되면 테이블로 나오곤 했다. 골프 경기에서는 포섬이라는 방식이 있다. 하나의 볼을 번갈아 가며 플레이하면서 다른 한 편과 경쟁하는 방식이다. 포섬 경기 방식에서는 홀 공략을 위해 선수끼리 자연스럽게 상의하는 모습을 볼 수 있는데 이를 팀리그에도 적용했다. 시간이 흐르면서 복식 경기에서 선수끼리 상의하는 모습이 자리 잡혔는데 이 또한 당구 팬 입장에서는 처음 보는 생소한 광경이었을 것이다. 야구의 '등번호', '대타 제도', e스포츠의 '올킬 제도' 등 역시 좋은 벤치마킹 대상으로 팀리그에 새로운 활력을 불러 일으킬 수 있을 것이다.

김민아(좌), 김보미(우) 선수가 경기 중 의견을 나누고 있다

NH농협카드 그린포스 팀 주장 조재호가 작전 타임을 하고 있다

이처럼 프로당구 팀리그는 당구의 다양한 재미를 느낄 수 있는 '당구 종합 선물 세트'로 당구 팬들에게 기존 당구와 차별화된 재미와 감동을 선사했다. 이제 당구 팬들은 당구 종목에서 팀워크란 무엇인지 왜 중요한지 깨닫기 시작했다. 네덜란드 당구 칼럼니스트 버트 벌추이치슨Bert Voorthuijsen은 "프로당구 팀리그는 매력적"이라며 "PBA 팬도, 팬이 아닌 사람들도 PBA의 새로운 포맷이 보는 팬들에게 무척이나 매력적이란 것을 인정해야 한다"라고 평가했다. 23-24시즌 프로당구에 세계적인 톱클라스 선수가 대거 프로당구 무대에 합류했는데 해를 거듭할수록 팀도 늘어나고 선수층도 대폭 두꺼워지고 있어 차기 프로당구 팀리그 성장에 가속도가 붙을 전망이다.

★ 여자당구, 더 이상 깍두기가 아닙니다

NH농협카드 김보미 선수가 공을 겨냥하고 있다

앞서 설명했듯이 프로당구 팀리그는 1세트 남자 복식(11점) → 2세트 여자 복식(9점) → 3세트 남자 단식(15점) → 4세트 남녀혼합복식(9점) → 5

세상에 없는 당구

세트 남자 단식(11점) → 6세트 여자 단식(9점) → 7세트 남자 단식(11점) 이렇게 7세트로 구성되었다. 7세트 중 무려 3번이나 여자 선수가 출전한다. 기존 당구계는 여자 선수를 소위 깍두기 취급했는데 팀리그에서 여자 선수 활약 여부에 따라 승패가 갈리는 경우가 늘어나면서 각 구단에서는 여자 선수 비중을 높여가고 있는 실정이다. 현재, 프로당구 팀리그는 6~7명 내외 선수단으로 구성되었는데 과거 여자 선수가 1~2명이었던 데 반해 지금은 3명까지 여자 선수를 보유한 구단이 더 많을 정도다. 실제 팀리그 원년인 20-21시즌에는 이미래 선수가 대활약한 TS-JDX 히어로즈가 우승을 차지했고 21-22시즌에는 혼합 복식에서 활약한 차유람과 단식에서 활약한 김예은 선수 덕분에 웰컴저축은행 웰뱅 피닉스가 우승을 차지할 수 있었다. 22-23시즌에는 정규투어(개인전)에서 3승을 기록하며 시즌 최고 활약을 펼친 캄보디아 스롱 피아비 선수가 단식과 복식을 오가며 팀리그 우승을 끌어낸 주역으로 떠올랐다. 오랜 세월 당구는 청소년이나 여성들에게는 금기시됐던 남성의 전유물이었는데 팀리그가 출범하면서 여자 선수를 팀 동료이자 경쟁자로 존중할 수 있는 문화가 생겨났다.

최종렬 계명대 사회학 교수는 사회학자 막스 베버를 인용하며 "현대사회에서 신이 죽은 것은 아니다."며 "개인이 각 영역에서 (신과 같은) 고유한 가치를 품고 있기 때문에 개인이 고유한 가치를 창출하는 일은 다양성 측면에서 우리 사회에 도움이 된다.", "지금은 개인이 내면에 숨어 있는 신을 일깨워야"할 때라고 설명했다. 프로당구 팀리그는 개개인 가치가 한데 모아 어떻게 발현하는 것이 건강한 사회를 만드는 데 도움이 될지 상징적으로 보여준다고 덧붙였다.

하이원위너스 이미래 선수와 응우옌 프엉린 선수가 주먹인사를 하고 있다

　남성과 여성이 섞여서 경기하면서 여성당구 선수 실력이 올라갔다는 점도 프로당구 투어 전체적으로 본다면 긍정적인 현상이 아닐 수 없다. 그런데 남녀 간 당구 실력 격차가 줄어드는 현상을 보며 꼭 여성 선수가 무조건적인 혜택을 입었다고 볼 수도 없다. 프로당구 유튜브 조회수를 분석해 봤을 때 여자부 경기가 상위권에 대거 포진되어 있기 때문이다. 믿을 수 없겠지만 상위 TOP10 중 7~8개 대회가 여성부 경기다. 남성부는 실력을 여성부는 인기를 등에 업고 있다. 남자 선수 그중에서도 유망주 선수 입장에서는 여자 선수와 함께 경기하면서 자신의 인지도를 높일 기회를 가질 수 있게 되었다. 최초 팀리그를 기획했을 때 당구 팬에게 익숙하지만 새로운 느낌을 선사하고자 남녀 선수를 한데 묶어서 경기를 진행했지만 남자 선수와 여자 선수가 함께하는 과정을 통해 '흥행'과 '실력'이라는 두 마리 토끼를 모두 잡은 예상치 못한 기대 이상의 성과를 거두게 됐다.

　정규투어(개인전)에서 남자당구는 창의적인 공 선택과 강력한 스트로크를 보는 맛이 있고 여자당구는 확률 높은 공 선택과 탄탄한 수비를 보는 맛이 있다. 팀리그는 남자 선수와 여자 선수가 각자 위치에서 보여줄 수 있는 다양한 당구의 묘미를 제공한다는 측면에서 매력적이다. 세계 최초 '당구는 팀 스포츠'라는 사실을 전 세계에 공표한 프로당구 팀리그는 남성과 여성이 어울려 '선의의 경쟁'을 펼치는 모습을 연출하면서 전 세계 당구 팬에게 신선한 충격을 남겼다. 16세기 유럽에서 탄생한 당구가 21세기 대한민국에서 전혀 다른 모습으로 꽃피우고 있다.

★ 성공 방정식이 깨지다

22-23시즌 프로당구 팀리그 우승팀 블루원 리조트 엔젤스

21-22시즌 프로당구 팀리그 우승팀 웰컴저축은행 웰뱅 피닉스

프로당구 팀리그는 개인종목이던 당구를 팀 종목으로 바꾸는 작업이 었기 때문에 참고 사례가 있을 리 만무했다. 이전까지 유럽 일부 국가에서 팀전 형태가 존재하기는 했지만, 정식으로 팀복을 맞춰 입고 정기적으로 경기를 펼친 사례는 프로당구 팀리그가 유일했다. 이전에 없던 경기 포맷이었기 때문에 경기에 임하는 선수나 팬 입장에서도 팀리그가 어떤 모습일지 쉽게 상상하기 힘들었을 것이다.

프로당구 팀리그는 시즌마다 차이가 있지만 23-24시즌 기준 총 9개 팀이 1~5라운드, 180경기(팀당 40경기)를 치른다. 한 시즌은 통상 당해년도 8월에 시작해서 차기 연도 3월에 끝나는 랩어라운드(Wraparound, 해를 넘어서 스포츠 리그를 이어가는 운영 방식으로 해를 넘기며 흥행을 이어 나가기 위한 제도) 시스템으로 운영되며 한 라운드당 9일이 소요된다. 8개월 동안 9일씩 총 5번씩 경기를 하는 셈이다. 라운드가 종료되면 총 5개 팀이 포스트 시즌에 진출하고 토너먼트 방식으로 우승팀을 결정하는 방식이다. 23-24시즌 팀리그는 1~5라운드에 포스트 시즌을 별개로 운영한다.

코로나19 동안 프로당구 팀리그가 무사히 시즌을 소화할 수 있었던 주요 요인으로 프로당구가 장기리그 형태가 아닌 단기리그 형태로 열렸다는 점을 꼽을 수 있다. 단기리그 속성상 중간에 대회가 멈춰도 재개하기 쉽고 시즌 전체 일정을 조정하며 보다 유연하게 대회를 이끌어 갈 수 있기 때문이다. 리그를 단기로 운영하면서 무사히 시즌을 마칠 수 있다는 것은 곧 안정적인 스폰서 십 수익 확보를 의미한다. 정해진 경기 일정을 소화하면서 스폰서와 약속을 지킬 수 있기 때문에 신뢰 관계도 두텁게 쌓아나갈 수 있다.

2000년대 들어 사스(2003년), 메르스(2012년, 2018년) 등 인류의 생명을 위협하는 전염병이 곳곳에서 기승을 부리고 있다. 코로나19와 같은 팬데믹 상황에서는 기존처럼 거대 스폰서 십을 바탕으로 한 장기간에 거친 단일 리그 시스템이 정상적으로 가동하기 힘들다. 대부분 리그가 경기 수도 많고 기간도 길다. 통상적으로 다년 계약으로 스폰서 십 계약을 맺기 때문에 스폰서 금액 또한 만만치 않다. 코로나19와 같은 팬데믹 상황이 아니라면 안정적으로 리그를 끌고 갈 수 있기 때문에 기존 계약 방식이 서로에게 윈윈이지만 대회 개최 여부가 자체가 불투명한 상황이 계속된다면 이야기가 달라진다.

코로나19 이전 스포츠 산업은 지역이나 국경을 넘어 거대리그, 장기간 대회를 개최하며 발전했다. 이 구조를 지탱하기 위해서 막대한 자금을 지원하는 대규모 스폰서 유치는 필수였다. 여기서 잠시 EPL과 같은 단일 리그에서 스폰서 십이 차지하는 규모를 살펴보자. 2018-19시즌 EPL 스폰서 십 총규모는 약 3억 4,910만 파운드(약 5,652억 원)에 달했다. 약 9년 전 1억 파운드 규모와 비교했을 때 비약적인 성장을 이뤄냈다. 스폰서 십 금액의 가파른 상승은 EPL 구단이 스폰서 십을 통해 상업화에 성공했다는 것을 의미한다.

그런데 코로나19 팬데믹 상황을 맞아 전 세계 주요 리그가 일시 중단되거나 연기, 취소로 이어졌다. 전 세계 주요 국가에서 전국적 이동 제한 조치가 내려지면서 원정 경기 자체가 불가능해진 상황에 빠졌다. 여기에 선수와 프런트 관계자의 코로나19 확진 판정이 이어지면서 스포츠 팬은 더 이상 자신이 응원하는 스포츠 구단 경기를 볼 수 없게 됐다. 전 세계 주요 구단이 경기를 펼칠 수 없게 되자 중계권료 반환 소송이 줄줄이 이어졌다. 라이브 방송이 생명인 스포츠 시장에서 콘텐츠 부족 현상이 가속화되었다.

코로나19 시대 스포츠 팬은 추억의 스타 하이라이트 장면이나 추억의 명승부 같은 콘텐츠를 보며 아쉬움을 달래야 했다. 코로나19가 한창이었던 지난 2020년 4월 20일 미국 스포츠 전문 채널 ESPN은 '농구 황제' 마이클 조던 일대기를 다룬 다큐멘터리 '더 라스트 댄스(The Last Dance·마지막 춤)' 1, 2회를 공개했다. 당초 6월 출시 예정이었지만, 코로나 여파로 스포츠에 목마른 팬들을 위해 방영 일정을 앞당겼다. 스포츠 팬들은 17년 전 마이클 조던 경기를 바라보며 스포츠에 대한 갈증을 해소해야 했다. 하지만 스포츠 채널은 여전히 콘텐츠 부족에 시달렸다. 이렇게 전 세계 1,500조 원에 달하는 스포츠 산업은 큰 타격을 받았다.

프로당구 팀리그는 코로나19가 한창인 시기 국내를 포함해 전 세계적으로 스포츠 콘텐츠가 부족한 상황에서 탄생했다. 지금까지 대다수 스포츠 단체가 거대한 장소에서 장기리그 운영을 통해 대규모 독점 스폰서십 유치를 통해 성장을 이뤄냈다면 프로당구는 100평 남짓한 작은 공간에서 단기리그 운영을 통해 작지만 다양한 스폰서십 유치를 이끌어 내며 안정적인 성장을 이뤄냈다. 그간 스포츠계 통용했던 성공 방정식을 깨고 새로운 성공 방정식을 제시한 셈이다.

★ 세계를 경략하라

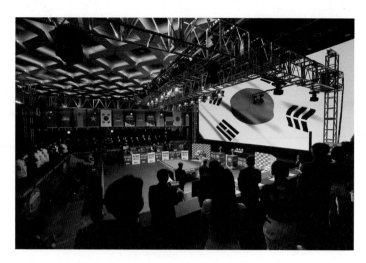

프로당구는 벨기에, 스페인, 네덜란드, 독일, 튀르키예, 그리스, 콜롬비아, 덴마크, 프랑스, 미국, 멕시코, 베트남, 일본 등 14개 국가 선수가 활약 중이다

제국주의 시대 영국은 스포츠 종주국 위상을 확립했다. 영국은 축구, 럭비, 골프, 크리켓, 하키, 배드민턴 등 다양한 종목을 체계화하며 현대 스포츠 산업의 토대를 마련했다. 하지만 오늘날 세계 스포츠 시장은 미국 중심으로 재편됐다. 미국은 다양한 스포츠 종목을 상업화하는 데 성공하며 종주국 이상의 위치에 올랐다. 필자는 미국이 그러했듯 유럽에서 출발한 당구가 한국에서 종주국 이상의 위치를 차지하길 바란다. '경략하다'는 사전적으로 침략하여 점령한 지방이나 나라를 다스린다는 뜻이다. 21세기 대한민국은 반도체, 자동차, 조선 등을 중심으로 뷰티와 푸드 등 여러 분야에서 전 세계를 상대로 경략하고 있다. 이전 대한민국 스포츠가 언제 전 세계를 상대로 경략해 본 적이 있을까? 프로당구가 그 꿈을 이뤄냈으면 한다.

프로당구 출범을 맞아 제2롯데월드 쇼핑몰에서 이벤트 대회를 진행했다

123층 롯데월드 타워 전망대에서 포토콜Photo call을 찍고 있다

세상에 없는 당구

03

당구만으로는 안 된다

3

쿠션

당구만으로는 안 된다

　세상에 없는 당구가 전 세계에 모습을 드러내기까지 약 3년이라는 시간이 소요됐다. 2016년 말 프로당구추진위원회가 만들어지고 2019년 6월 첫 대회가 치러지기 전까지 많은 시행착오가 있었다. 무엇보다 작은 스포츠 마케팅 대행사가 "과연 프로스포츠 단체를 만들 수 있을까?"라는 의구심을 떨쳐내고 주변을 설득하는 과정이 힘들었다. 프로당구가 기존 당구와 무엇이 다른지 어떤 모습으로 나타날 지 그 누구도 짐작할 수 없었기 때문에 가정법으로 이야기할 수밖에 없었다. '세상에 없는 당구'라는 모토조차 없던 시기 프로당구는 당구가 지루하다는 편견을 깨기 위해 '당구의 모든 것'을 새롭게 정의해야 했다. 심지어 당구가 가진 본질조차 새로운 시선으로 바라봐야 했다. 이 과정에서 스포츠 마케팅 대행사가 여러 종목을 대행하며 쌓은 다양한 마케팅 노하우는 큰 자산이 되었다. 한마디로 프로당구는 마케팅 관점에서 새롭게 태어난 종목이다.

　스포츠는 종목마다 나름의 매력적인 분위기와 특색을 가지고 있는데 여러 종목의 다양한 마케팅 활동을 벤치마킹해 프로당구에 녹여냈다. 예를 들면 이종격투기 UFC에서는 장내아나운서가 경기 직전 열정적인 선수 소개로 관중을 흥분의 도가니로 몰아넣는데 UFC대표적인 아나운서 브루스 버퍼(Bruce Anthony Buffer, UFC장내 아나운서)처럼 당구 선수를 소개해 달라고 요청하는 식이다. 프로당구 장내 아나운서가 결승을 앞둔 선수를 세상에서 가장 멋지게 소개하면서 경기장 분위기를 최고조로 끌어내는 일은 얌전하기만 했던 당구 경기에 새로운 활력을 불어넣었다.

　당구는 프로 이전부터 국제경쟁력 있는 선수와 탄탄한 팬층을 보유하고 있었고 주변에서 흔히 당구장을 찾아볼 수 있을 만큼 훌륭한 인프라를 갖추고 있었다. 당구 시장 규모는 2조 2,000억 원 규모로 추산되는데 당구장을 이용하는 본원 시장이 약 2조 원 규모를 형성하고 있고 당구용품, 유통업, 창업 컨설팅사 등 파생시장이 2,000억 원 규모다. 이 정도면 프로스포츠로 거듭나기 위한 필요조건이 거의 완벽하게 갖춰진 셈이다. 하지만 프로화를 위해 당구만으로는 부족했다. 프로 출범을 위해 준비한 지난 3년이라는 시간 동안 당구의 가장 부족한 점을 꼽자면 단연코 '마케팅' 활동이다. 프로스포츠 세계에서 스폰서 영업은 스포츠 단체 지속 가능성을 결정할 정도로 매우 중요한 요소인데 스폰서를 움직일 수 있는 마케팅 활동이 부족했다. 지금부터 당구의 탈을 쓴 프로당구 마케팅 활동에 대해 살펴보자. 프로당구가 너무 매력적이어서 후원할 수밖에 없게 만들어야 했던 고민의 과정이 담겨있다.

3-1 프로당구선수 연봉은 '실력'과 '이것'으로 결정된다

마지막 위닝 샷(winning shot, 승리를 결정짓는 타구)을 성공하고 포효하는 장면은 대다수 스포츠 팬에게 익숙한 그림이다. 그런데 프로당구 출범 이전 당구 경기에서는 이와 같은 장면을 좀처럼 볼 수 없었다. 당구가 예의를 워낙 중시하는 종목이기도 했고 후구제가 있어 우승 세레머니를 할 타이밍을 잡기 힘든 이유에서다. 승리 점수를 획득한 선수 입장에서 보자면 후공자가 득점에 실패하면 그제야 환호할 수 있는데 득점에 실패한 상대를 코앞에 두고 기쁜 순간을 만끽한다는 게 쉽지 않았다. 후구제란 선공자가 시합점에 달하고 경기를 종료했을 때, 후공자에게 선공자만큼 공격 횟수를 보장해 주는 제도다. 지금까지 당구 경기에서는 선공자가 승리 점수를 획득하고도 후공자에게 마지막 기회를 보장해 준다는 명목으로 후공자가 마지막 샷을 끝낼 때까지 기다려야 했다.

강민구 선수의 감격스러운 첫 우승 세레머니

스롱 피아비 선수가 우승 직후 기뻐하며 경기장에서 점프했다

세상에 없는 당구

에디 레펜스 선수가 우승 후 당구 테이블 위로 뛰어 올라 환호하고 있다

　프로당구는 대회 전 프로 선수라면 지켜야 할 태도와 마음가짐에 관한 소양 교육을 수시로 진행한다. 선수 소양 교육에서는 승부 조작, 음주운전, 성폭력, 금지약물 복용 등과 같은 내용을 포함해 다양한 종목에서 나온 멋진 세레머니를 선수들에게 보여주곤 한다. 대한민국 당구 실력은 국제무대에서 이미 여러 차례 검증되었기 때문에 이제 막 프로 시대를 맞은 당구 선수에게 가장 필요한 자질은 팬 서비스였다. 팬 서비스는 위에서 설명한 역동적인 세레모니 외 세련된 복장과 외모 관리를 포함한다. 세련된 복장과 외모 관리에 신경 써달라고 대놓고 말하는 자체가 자칫 외모지상주의를 조장하는 것으로 비칠 수 있어서 조심스럽지만, 당구 종목 특성상 야간이나 새벽에 경기를 치르는 경우가 많았기 때문에 불규칙한 생활 패턴에 노출되는 선수를 위해 프로다운 자기관리를 요구하지 않을 수 없었다.

　현대 스포츠에서 실력은 기본이고 나아가 멋진 외모를 유지하는 것이 경쟁력이 된 지 오래다. 멋진 외모는 곧 연봉으로 이어진다. 비슷한 사례로 여자프로골프를 들 수 있다. 2000년대 초반 필자가 프로골프 시장에 뛰어들었을 때 골프는 4050대 남성의 전유물이었다. 지금은 믿기 힘들겠지만, 당시만 해도 프로골프는 여자 선수가 아니라 남자 선수가 지배하고 있었다. 대회 개최 수부터 상금 규모까지 남자골프대회는 여자골프대회와 비교할 수 없을 정도로 활성화되어 있었다. 그러던 것이 2010년 넘어오면서 완전히 바뀌기 시작했다. 박세리, 김미현, 박지은 선수와 같이 세계 무대에서 맹활약하는 선수를 보며 자란 소위 '키즈' 세대가 급성장하면서 실력은 물론 세련된 외모를 갖춘 20대 선수가 투어에 중심으로 떠올랐다. 양수진, 김하늘, 윤채영, 홍란 등 뛰어난 실력과 빼어난 외모를 가진 선수가 한국여자골프투어를 한층 젊고 세련된 이미지로 끌어올렸다. 한국여자골프협회는 이러한 선수를 홍보대사로 앞세워 젊고 세련된 이미지를 부각하며 전 세계 골프 팬의 시선을 사로잡는 데 성공한다. 한국여자프로골퍼가 오늘날의 위상을 차지하기까지 박세리 선수 이후 약 10년이라는 시간이 흘렀다. 현재 한국여자골프는 박현경, 유현주, 안소현, 박결 선수와 같이 실력과 외모를 겸비한 선수가 큰 인기를 끌며 많은 연봉을 받고 있다. 기업 입장에서는 골프 선수 후원을 결정할 때 성적을 최우선 순위에 올려두지만, 해당 선수가 기업 이미지와 잘 매칭되는지, 매력적인 얼굴을 가졌는지, 운동선수로서 탄탄한 몸매를 가졌는지, 자신만의 세련된 패션 감각이 있는지, 얼마나 밝고 긍정적인 마음가짐을 가졌는지 등을 종합적으로 평가한다. 실제 2020년 드림 투어 상금왕 출신으로 큰 주목을 받고 프로 무대에 데뷔한 김재희 선수는 2021년 상금 랭킹 47위를 기록했다. 김재희 선수는 2022년 정규투어 잔류에는 성공했지만, 기대만큼 성과는 내지 못했다. 그런데 김재희 선수 몸값은 3억 원 이상이었다. 3억 원은 A급 선수임을 나타내는 상징적인 금액이다. 참고로 30위권 선수 몸값은 평균 1~2억 원 내외다. 상금 랭킹 47위에 그친 김재희 선수 몸값이 높은 이유로 외모를 빼놓을 수 없다. 김재희 선수는 170cm 큰 키에 연예인 같은 외모를 지녔는데 개인 SNS 채널을 통해 많은 골프 팬과 활발한 소통을 하고 있다는 점도 높은 연봉으로 이어지는 비결이 되었다.

세상에 없는 당구

당구계 대표 라이벌 차유람(좌)선수와 김가영(우)선수

대한민국은 물론 세계에서 가장 잘나가는 여자프로골퍼 연봉을 이제
막 프로화에 들어선 프로당구 선수 연봉과 비교하는 건 무리다. 하지만
앞서 밝혔듯이 필자가 2000년 초 프로골프 시장에 뛰어들었을 때 상황
과 현 프로당구 상황은 여러모로 비슷한 점이 많다. 20여 년 전 프로골프
가 4050대 남성의 전유물로 여겨졌듯이 현재 프로당구 역시 4050대 남
성의 전유물이다. 이제 곧 당구판에서도 키즈 세대가 등장할 것이고 이
선수가 주축이 될 때 프로당구는 한층 세련된 모습으로 대중에게 다가설
것이다. 하지만 프로골프 성공 방식이 프로당구에 그대로 적용되리라는
사고방식은 프로당구 발전에 도움이 되지 않을 것이다. 지금은 모든 것
이 너무 빠르게 변하고 있다. 과거 성공 방정식에 기대기보다 현재 팬들

이 기대하는 모습을 충족하기 위해 노력해야 한다. 그러기 위해서 당장 프로당구 선수가 누구보다 더 멋지고 누구보다 더 화려하게 빛나야 한다. 이런 이유로 프로당구 원년에는 결승전에 오른 선수를 위해 메이크업 아티스트와 스타일리스트를 준비하기도 했다. 프로화를 맞은 지 만 4년이 지난 지금 많은 선수가 자기관리를 통해 멋진 모습으로 경기에 임하고 있다.

　대한민국 당구는 이미 세계적인 수준과 인프라를 갖추고 있다. 이제 남은 건 프로다운 세련된 모습을 부각하는 일이다. 여자프로골프가 세계 최고 실력과 외모를 겸비하는 데 10년이라는 세월이 걸렸다. 이제 프로 출범 5년 차를 맞은 프로당구가 과연 몇 년 만에 이러한 이미지를 손에 넣을 수 있을까? 당구인 스스로가 달라지겠다는 마음을 먹고 세련된 모습으로 팬들에게 다가설 때 프로당구는 워너비(Wannabe, 뭔가가 되고 싶다) 스포츠로서 새롭게 거듭날 것이다.

★ 오팔세대를 붙잡은 프로당구 광고계 블루칩으로 우뚝 서다

신정주(좌), 김가영(우) 선수가 광고에 출연했다

　트렌드코리아2021에서는 2020년에도 이어진 트로트 열풍에 주목하고 있다. 2020년 연초부터 3월까지 방영된 TV조선의 예능 프로그램 미

세상에 없는 당구

스타트롯은 최고 시청률 35.7%(닐슨코리아, 2020년 3월 12일 방영된 최종 결승전 기준)를 기록했다. 코로나19 확산으로 걱정스러운 뉴스가 가득했던 시기에 온 국민의 마음과 귀를 장년층의 정서였던 '뽕필'로 가득 채운 것이다. 우승자 임영웅을 비롯해, 영탁, 장민호, 김호중 등 새로운 스타들이 탄생했다. 이들의 중심에는 오팔 세대가 있다. OPAL은 활기찬 인생을 살아가는 신노년층 Old People with Active Lives의 약자다. 오팔세대의 사랑을 듬뿍 받은 임영웅은 광고계 블루칩으로 떠올랐다. 임영웅은 현재 식품, 패션, 화장품은 물론 중장년층의 지갑을 열 수 있는 다양한 제품 모델로 활약 중이다. 그는 매일유업, 한국야쿠르트, 웰메이드, 리즈케이, 청호나이스 등뿐만 아니라 렉스턴, 덴티스, 편강한방연구소 등 업종을 가리지 않고 다양한 광고를 섭렵했다. 트롯열풍 → 스타 부각 → 광고계 러브콜로 이어진 것이다. 그런데 최근 트로트 분야에서 일어난 사례가 당구계에도 일어나고 있다. 프로화를 맞이한 당구가 OPAL 세대 절대적인 지지를 받으며 급부상한 것이다. 2020년 1월~3월까지 방영된 미스터 트롯이 35.7% 시청률을 기록했던 것처럼 프로당구 역시 높은 시청률을 기록했다.

앞서 설명했듯이 2022년 프로야구KBO 평균 시청률은 0.798%이다. 22-23시즌 프로배구KOVO 평균 시청률은 0.92%, 2022년 여자프로골프KLPGA 시청률 0.467%, 22-23시즌 프로농구KBL 평균 시청률은 0.10%, 2020년 프로축구K리그1 0.12% 수준이다. 2019년 프로 출범한 프로당구PBA투어를 기준으로 살펴보자면 2019년 PBA TOUR 채널별 평균 시청률은 빌리어즈TV 0.21%, SBS SPORTS 0.2%, MBC 0.44%이다. 시청률만 놓고 보면 남자 프로농구나 프로축구를 훌쩍 뛰어넘는 수치며 여자프로골프 시청률과 맞먹는 수치를 기록하기도 했다. 참고로, 프로당구PBA투어 결승전 시청률은 평균 1% 내외를 기록하고 있다.

더욱더 놀라운 사실은 프로그램 도달률이다. 프로그램 도달률이란 특정 기간 한 번이라도 해당 종목 생중계를 시청한 오디언스(가구 수)를 비율로 나타낸 수치다. 예를 들어 특정 기간(1달) 동안 해당 종목 생중계에 한 번이라도 노출된 표적 오디언스 수(가구 수)를 10명 중 3명으로 친다면 비율로 30%가 된다. 프로당구는 19-20시즌 TV 중계 도달률 35.1%를 기록해 프로야구 60.2%에 이어 2위에 올랐다. 그 뒤로 프로농구 32.7%, 프로배구 31.6%, 프로축구 30.4%, 프로골프 20.2% 순이다. 20-21시즌 역시 TV 중계 도달률 44.0%를 기록해 프로야구 56.1%에 이은 2위에 올랐다. 그 뒤는 프로배구 32.4%, 프로농구 30.4%, 프로축구 24.5%, 프로골프 17.9%가 차지했다. 22-23시즌 역시 TV 중계 도달률 39.2%를 기록해 프로야구 51.3%에 이어 2위에 올랐다. 그 뒤로 프로농구 30.9%, 프로배구 29.6%, 프로축구 26.3%, 여자프로골프 20.2% 순이다. 23-24 시즌 역시 TV 중계 도달률 40.1%를 기록해 프로야구 49.8%에 이어 2위에 올랐다. 그 뒤로 프로농구 30.9%, 프로배구 27.7%, 프로축구 28.3%, 여자프로골프 18.3% 순이다.

프로당구 인기가 수치로 드러나자 여러 기업에서 당구 선수를 광고모델로 기용하기 시작했다. 신한금융투자는 신정주와 김가영 선수를 웰컴저축은행은 프레드릭 쿠드롱과 차유람 선수를 SK렌터카는 강동궁 선수를 광고 모델로 전격 발탁했다. 최근에는 블루원리조트 소속 선수 전원(스롱 피아비, 서한솔, 김민영, 강민구, 엄상필 등)이 블루원 워터파크 광고를 찍기도 했으며, 하이원리조트 소속 이미래 선수 역시 후원사의 모델로 나서기도 했다. 참고로, 조재호 선수는 과거 아마추어 시절 기아자동차 광고를 찍은 적이 있다. 조재호 선수는 현재 NH농협카드 주장을 맡고 있는데 스타성 넘치는 선수이니만큼 광고 모델 발탁은 시간 문제라는 평이다. 이 밖에 많은 선수가 크고 작은 기업 광고 모델로 러브콜을 받고 있다. 향후 당구 선수를 활용한 광고가 해당 브랜드 평판 순위나 매출에 어떤 영향을 미칠 지는 결과를 지켜봐야 할 일이다. 프로화 이전 당구 선수가 광고계에 모습을 드러낸 건 주로 당구용품 위주였다는 사실을 비춰봤을 때 기업 광고는 고무적인 일이 아닐 수 없다. 비인기 종목의 부정적

세상에 없는 당구

인 이미지를 가지고 있던 당구는 프로 출범과 함께 리포지셔닝에 성공했다. 당구계가 제2의 미스터 트롯이 될지 귀추가 주목된다.

 ## 프로당구선수라면 반드시 갖춰야 할 능력 7

프로란 운동경기를 통해 생계를 유지하는 사람을 말한다. 생업으로써 직업적 성격이 내포되어 있다. 아마추어는 라틴어 'amator'에서 유래되었는데 amator의 뜻은 lover 사랑하는 사람이다. 아마추어라는 단어에 미사구를 덧붙이자면 돈을 떠나 운동을 순수하게 사랑하는 사람을 뜻한다. 과거 아마추어는 순수하게 스포츠를 즐기는 사람을 일컬었는데 19세기 중반 스포츠를 통해 몸과 마음을 단련한 영국 귀족은 돈벌이 수단으로써 스포츠를 하는 행위가 삶의 품격을 떨어뜨린다고 생각했다. 귀족에게 프로란 돈만 밝히는 천박한 존재로 실력을 떠나 스포츠 단체 주요 직책에서 배제당했다. 당시 영국 귀족은 다양한 소양을 갖추지 못하고 한쪽으로 치우친 프로를 불완전한 존재로 취급했다. 하지만 시간이 흘러 아마추어라는 단어는 프로와 비교해 실력이 미숙한 사람이라는 의미로 사용되며 선수 자질을 평가하는 데 성적을 최우선으로 하는 분위기가 형성된다. 20세기 후반 냉전 시대를 맞은 국제사회는 올림픽과 같은 메가 스포츠를 통해 실력이 우수한 선수를 양성하고 메달 사냥에 뛰어들면서 국제사회에서 자신의 국력을 과시하기에 이른다.

이러한 흐름 속에 대한민국 스포츠는 엘리트가 이끌고 나갔다. 과정이야 어찌되었건 간에 운동선수라면 메달을 따야 국민적 영웅으로 떠오를 수 있었다. 그런데 최근 사회적 분위기가 달라졌다. 이제 국민들은 메달색이나 승패에 무조건적인 성원을 보내지 않는다. 경기력, 성적 외 해당 분야에서 이뤄낸 성과가 어떤 환경에서 나왔는지 나름의 의미를 부여하기 시작했다. 그동안 올림픽과 같은 메가 스포츠 이벤트에서 4위는 눈

물과 아쉬움의 상징이었는데 최근 올림픽에서 수많은 언론이 우상혁(높이뛰기), 이선미(역도), 우하람(다이빙) 등 4위가 흘렸던 땀의 가치를 재평가했다. 성적을 떠나 평소 선수가 어떤 마음가짐으로 경기에 임하는 지가 선수를 판단하는 주요 덕목으로 떠오른 것이다.

이러한 현상은 전 세계 공통으로 볼 수 있는데 더 이상 성적이 성공의 절대적인 잣대가 아니라는 사실에 모두가 공감을 표하고 있다. 오늘날 프로의 의미는 아마추어 정신까지 온전히 포용해야 할 것이다. 성적 외 다양한 소양을 갖춘 프로의 면모가 요구되는 시기다. 어제까지 아마추어였다가 이제 막 프로라는 타이틀을 획득한 당구 선수를 위해 프로선수라면 갖춰야 할 덕목을 정리해 본다.

첫째, 규칙적인 생활

당구의 신이라고 불리는 프레드릭 쿠드롱은 평소 철저한 자기 관리로 유명하다. 프로화 이전부터 프로다움이란 무엇인지 몸소 보여준 선수다. 그는 잠자고 일어나는 시간을 철저히 지키고 회식 자리에서도 가장 일찍 자리를 뜨며 알코올을 멀리한다. 프로화 이전 국내 당구 선수들은 흡연과 음주가 긴장 완화와 스트레스 극복에 도움을 준다는 이유로 대회 기간에도 흡연과 음주를 가까이했다. 일시적으로 안정을 취하기 위한 행동이라는 점에서 이해가 되지만 장기적으로 건강을 해치고 경기력에 영향을 미치며 선수 생활을 단축할 수 있으므로 경계해야 한다. 프로당구는 주요 스포츠 경기 시간을 피해 밤 11시에 메인 이벤트가 열린다. 경기가 끝나면 새벽 1시가 되는 경우가 부지기수다. 늦은 시간 경기를 끝내면 흡연이나 음주의 유혹에 넘어가기 쉬운 구조다. 쿠드롱 선수와 같이 유명한 선수는 방송사 요청으로 대개 밤 11시에 경기를 펼치는 경우가 많다. 그런데 쿠드롱 선수는 자신이 처한 현실에 아랑곳하지 않고 자신의 좋은 루틴을 끝까지 지키는 것으로 유명하다. 좋은 루틴은 곧 안정적인 경기력과 선수 생명 연장으로 이어지기 마련이다. 쿠드롱 선수가 세계 최정상 자리를 오랫동안 유지하고 있는 비결이다. 종목을 떠나 오랜 기간 해당 종목에서 상위 성적을 유지하고 있는 선수들을 보면 기본을 지키는 것이 얼마나 중요한지 쉽게 알 수 있다. 규칙적인 생활 습관은 프로가 갖춰야 할 첫 번째 덕목이다.

둘째, 페어플레이 정신

페어플레이Fairplay란 스포츠나 게임에서 정당한 승부를 의미하는 말이다. 오늘날 스포츠 근간이 되는 페어플레이 정신은 아이러니하게도 베팅Betting에서 시작됐다. 과거 영국 귀족은 자신의 부를 과시하기 위해 경마 경주를 즐겼는데 이를 지켜본 시민이 재미로 경마 승부에 돈을 걸기 시작하면서 베팅이 시작되었다. 돈이 오가는 상황에서 승부조작이 일어날 경우 스포츠 근간이 흔들리기 때문에 페어플레이는 경마 경기에 있어서 매우 중요한 요소로 부각된다. 1750년 탄생한 자키 클럽(Jockey Club, 영국 최대 상업 경마 조직)은 세계 최초로 조직화한 스포츠 단체다. 베팅은 경마 대회가 점차 인기를 얻어감에 따라 귀족부터 대중까지 모두 참여했는데 베팅 문화가 발달함에 따라 승부 조작, 도핑 등 페어플레이 정신에 영향을 미치는 행위를 더욱 엄격하게 규제하게 된다. 자키 클럽에서 시작한 페어플레이 정신은 이후 전 세계로 퍼져나간다.

스포츠 세계에서 페어플레이 정신이 망가진다면 어떻게 될까? 미국에서 가장 오랜 전통을 가지고 있는 메이저리그MLB는 출범 초기 승부조작으로 인해 팀이 해체되고 리그 존폐 위기에 처한 상황이 여러 번 반복됐다. 국내에서 대표적으로 e스포츠 스타크래프트 승부조작 사건이 있다. 이 사건으로 인해 대한민국 e스포츠 위상은 나락으로 떨어지고 다수 프로팀이 해체되는 상황에 직면하게 됐다. 이렇듯 페어플레이가 바탕이 되지 못한 리그는 지속성을 유지하기 힘들다. 선수들은 공정한 룰로 정정당당한 승부를 펼치는 것이 얼마나 중요한지 인식해야 한다. 자신들의 승부가 단순히 이기고 지는 문제를 떠나 팬들의 기대와 성원으로 연결되어 있고 나아가 리그 존폐와 연관되어 있다는 점을 분명히 인식해야 한다.

셋째, 스포츠맨십

2019년 윔블던에서 샤라포바가 손목부상으로 기권했다. 상대 선수인 파르망티에는 샤라포바가 기권을 선언하자 춤을 추며 기뻐했다. 파르망티에는 "사람들이 뭐라고 얘기하든 신경 쓰지 않는다."고 인터뷰했다. 파르망티에 발언이 도마 위에 올랐다. 테니스에서 상대 선수가 부상으로 경기를 포기할 경우 다가가서 위로를 전하는 게 일반적인 매너다. 이제 사람들은 파르망티를 '샤라포바가 기권했을 때 춤춘 선수'로 기억하게 됐다. 오랜 전통과 품격을 중시하는 테니스 명성에 금이 갔다. 경기가 끝나거나 경기 이외에 관계에서 경쟁하지 않고 서로의 감정을 매너있게 표현하는 스포츠맨십Sportsmanship은 곧 해당 종목의 품위를 상징한다. 가장 원초적인 스포츠라 평가받는 이종격투기 UFC(Ultimate Fighting Championship)를 떠올려 보자. KO시킨 상대를 위로하는 모습과 다른 한편에서 조롱하는 모습을 본다면 우리는 각각 어떤 느낌을 받는가? 조금 전까지 죽기 살기로 치고받고 싸웠지만 승자가 패자에게 다가가 예를 표하는 모습은 투기 종목은 거칠고 무식한 스포츠라는 부정적인 인식을 떨쳐내며 투기 종목이 신체적 강인함 뿐만 아니라 정신 수양까지 중요한 덕목으로 여긴다는 사실을 깨닫게 해준다. 스포츠로서 가치는 이렇게 완성되는 것이다. 종목을 불문하고 경기장에서 상대 선수를 존중하는 모습은 기본 중의 기본이다. 선수 개개인은 팬들이 경기장 안팎에서 자기 행동을 일거수일투족 주시하고 있다는 점을 잊어서는 안 될 것이다. 결국 선수 개개인이 경기장 내외에서 보여준 모습이 쌓여 해당 스포츠 종목을 상징하는 이미지로 발현되기 때문이다.

넷째, 캐릭터

어떤 제품을 사려고 마음먹을 때 특정 이미지가 떠오르며 유독 강하게 끌리는 브랜드가 있다. 알 리스와 잭 트라우트가 쓴 마케팅 바이블 '포지셔닝'에서 특정 브랜드가 차례로 생각나는 과정을 '인식의 사다리(Ladders in the mind)'라 부른다. 예를 들면 소비자가 렌터카를 빌려야 한다고 마음먹을 때 인식의 사다리를 이용해 맨 위 칸에 허츠, 두 번째 칸에 에이비스, 세 번째 칸에 내셔널과 같은 회사를 차례로 떠올리게 된다는 뜻이다. 선수 개개인을 하나의 브랜드로 인식할 때 이러한 인식의 사다리 개념을 적용할 수 있을 것이다. 선수가 자신이 원하는 이미지를 생각해 보고 해당 이미지를 쌓기 위한 노력을 꾸준히 한다면 자신도 모르는 사이에 원하는 위치에 오를 수 있을 것이다. 그런데 자신이 어떤 모습이 되고 싶은지 깨닫는 것만큼 어려운 일도 없다. 그럴 때는 우선 딱 하나만 집중해 보자. 자신의 이름이 언급될 때 떠오를 수 있는 단 하나의 이미지가 무엇이 되면 좋을지 고민해 보자. 수많은 정보가 오가는 세상이다. 대중들은 특정 카테고리에 하나 이상의 정보를 기억하기 힘들다. 예능 프로그램에서 캐릭터를 잡는다고 생각하자. 특정 캐릭터가 잡히면 사람들에게 인지도가 높아지고 높아진 인지도는 관심으로 호감으로 이어질 가능성이 높다. 프로선수라면 먼저 자신의 캐릭터를 가질 수 있도록 노력해야 한다. 자신을 대표하는 것은 그 무엇이든 가능하다.

프로당구 초기 스타 플레이어 부재에 시달렸던 시기에 좀 더 많은 선수를 언론에 부각하기 위해 다음과 같이 캐릭터를 설정했다. 프로당구 이전부터 많은 팬층을 확보한 이미래 선수는 이름을 활용해 '당구계 미래'라고 소개했다. 수려한 외모와 실력으로 주목받던 신인 선수 신정주에게는 '당구계 아이돌', 빼어난 외모로 실시간 검색 1위를 기록했던 전애린 선수에게는 '당구 얼짱'이라는 별명을 붙였다. 경기 중 어려운 상황을 맞아도 항상 웃음을 잃지 않은 정경섭 선수에게는 '미스터 스마일'이라는 별명을 붙였다. 몰아치기에 능한 강민구 선수는 '한국산 머신건', 아내와 아이를 위해 슈퍼마켓 알바를 병행하며 프로당구 사상 최초 퍼펙트 우승을 달성한 하비에르 팔라존에게는 '슈퍼 파파'라는 별명을 붙였다. 근육이 많은 마요르 선수는 '근육 맨', 광주를 주름잡던 김현석 선수에게는 '무등산 폭격기'라는 별명을 부각시켰다. 서삼일 선수 별명은 '셋 중 하나'다. 당구칠 때 세 개 중 하나는 반드시 가락구(뱅크샷)를 친다고 해서

붙은 별명이다.

훤칠한 키와 외모로 '당구 아이돌'이란 별명을 가지고 있는 신정주

171cm 우월한 신체조건에 미모를 갖춘 '당구 얼짱' 전애린 선수

프로당구가 어느 정도 궤도에 오른 지금은 선수 스스로 나서서 "나를 이렇게 소개해 줬으면 합니다"라며 적극적으로 자기 의사를 표현하고 있다. 이 과정에서 스포츠 마케터의 역할은 자신조차 미처 깨닫지 못한 선수의 새로운 모습을 발견할 수 있도록 도움을 주는 일이다. 스포츠 마케터라면 선수 스스로가 '나'는 과연 어떤 사람인가를 깨달을 수 있도록 지속적인 영감을 불어넣어 줘야 한다.

다섯째, 쇼맨십

벨기에 출신 에디 레펜스가 우승 직후 당구 테이블 위로 뛰어올라 우승 세레머니를 했다

NBA살아 있는 전설 스테픈 커리가 3점 슛을 던진다. 손을 떠나 공이 림을 통과하기도 전에 슛이 성공했다는 것을 직감한 그는 슛이 들어가기

도 전에 뒤돌아서며 관중과 눈을 맞추며 자신의 숏이 성공했는지 관중에게 물어본다. 관중은 예기치 못한 쇼맨십에 열광의 도가니에 빠진다. 쇼맨십showmanship의 사전적 의미는 특이한 언행으로 사람들의 이목을 끌고 그들을 즐겁게 하는 기질이나 재능을 뜻한다. 우리나라 선수는 유독 쇼맨십에 인색하다. 예의와 겸손을 미덕으로 여기는 유교문화 영향 때문인지 몰라도 자신을 드러내야 하는 결정적 순간조차 자신의 감정을 제대로 표현하지 못한다. 쇼맨십을 통해 자신을 드러내는 행위는 전혀 부끄러운 행동이 아니다. 2008년 베이징 올림픽 배드민턴 종목에서 이용대 선수가 금메달 확정 후 카메라를 향해 윙크 세레모니했다. 당시 이용대 선수 미니 홈피에는 약 10만 명 방문자가 몰려 서버가 다운되기도 했다. 이용대 선수 윙크세레모니가 부각된 이유는 그간 배드민턴 선수에게서 볼 수 없었던 차별화된 세레모니 덕분이다. 윙크세레모니는 한국을 대표하는 차세대 배드민턴 주자로서 이용대 선수의 존재감을 크게 부각시켰다. 그로부터 무려 15년여 세월이 흘렀다. 윙크 보이라는 닉네임은 팬들의 마음속에 여전히 남아 있고 배드민턴 종목 선수가 국제 무대에서 선전할 때마다 회자된다. 2018년 호주오픈에서 선전한 테니스 정현 선수 역시 4강 진출 확정 후 카메라 렌즈에 "보고 있나?"라는 문구를 써서 큰 화제가 되었다. 보고 있냐고? 누구에게 한 이야기일까? 대중들의 상상력을 자극하는 쇼맨십이었다. 이처럼 쇼맨십은 의도하건, 의도치 않건 간에 팬들에게 경기를 보는 또 하나의 즐거움을 제공한다. 프로선수라면 쇼맨십 역시 경기의 일부분이라는 점을 염두에 둬야 한다. 쇼맨십은 선수에게 프로무대에서 자신을 드러내는 수단이자 트레이드 마크 역할을 하고 팬들에게 가장 확실한 팬서비스 수단이 된다.

세상에 없는 당구

슈퍼맨이라는 별명을 가지고 있는 조재호 선수가 등장하면서 슈퍼맨 포즈를 취하고 있다

여섯째, 자선활동

피겨 여왕 김연아는 세계적인 피겨 스타라는 타이틀 이전에 기부를 많이 한 선수로 손꼽힌다. 김연아는 2015년 한 조사에서 전 세계에서 4번째로 기부를 많이 한 운동선수로 선정되었다. 김연아는 2014년 2월 은퇴했는데 은퇴 직후인 2014년 4월에는 세월호 유가족을 위해 1억 원을 기부했고 2015년에는 지진 피해를 입은 네팔 어린이 구호 기금으로 10만 달러를 기부했다. 김연아 선수는 지금까지 약 50억 원이 넘는 금액을 기부한 것으로 알려졌다. 또한, 그녀는 외모, 실력, 인성까지 두루 갖춘 스타로 여전히 많은 사람에게 큰 사랑을 받고 있다.

팬들의 사랑과 관심으로 성공한 선수가 사회적 약자에 관해 관심을 가지는 일은 중요하다. 프로 선수가 사회적 약자를 배려하는 일은 선수 본인에게 후원을 통한 정신적인 풍요로움을 느낄 수 있다는 측면에서 긍정적이다. 이러한 선행을 지켜보는 동료 선수와 팬들은 이타심을 발휘한 선수에게 감사와 존경을 동시에 보내게 될 것이다. 이러한 활동이 차곡차곡 쌓이게 된다면 리그 전체에 대한 위상이 높아지는 것은 두말할 나위가 없다. 자선활동은 선수뿐만 아니라 협회차원에서도 관심을 가져야 한다.

NBA(미국 프로농구 협회, National Basketball Association)는 NBA Cares라는 프로그램을 통해 비시즌 기간 자선활동을 꾸준히 하고 있다. NBA Cares는 미국과 전 세계 주요 사회 이슈를 해결하고자 하는 NBA오랜 전통이다. NBA를 대표하는 스타는 비시즌 기간 도움이 필요한 자선 단체에 기금을 전달할 뿐만 아니라 현장을 찾아 도움이 필요한 사람과 교감한다. 이러한 자선활동은 과거 NBA가 갱스터라는 이미지를 벗고 글로벌 스포츠 브랜드로 도약하고 팬덤을 형성하는 데 큰 도움이 되었다. 오늘날 NBA뿐만 아니라 수많은 스포츠 단체가 자선 활동에 적극적인 이유다. 프로당구 역시 과거 당구가 가진 부정적인 이미지를 벗고 글로벌 스포츠 단체로 거듭나기 위해서 자선 활동은 선택 아닌 필수다.

일곱째, 다양한 분야에 대한 관심과 소양

농구는 신장으로 하는 것이 아니라 심장으로 하는 것이다(앨런 아이버슨).

나는 퍽이 있는 곳으로 가는 것이 아니라 퍽이 도착할 곳으로 갑니다(웨인 그레츠키).

연습이 완벽함을 만들지는 않는다. 오직 완벽한 연습만이 완벽함을 만든다(빈스 롬바르디).

경기 전후 인터뷰에서 가슴을 울리는 인상적인 인터뷰를 하는 국내 선수를 찾아보기 힘든 이유는 무엇일까? 명승부에 걸맞은 멋진 인터뷰는 선수가 평소 가지고 있는 사고의 폭과 깊이에 비례한다. 선수가 경기력에 자신의 인생을 올인한 나머지 자신이 속한 지역사회를 포함해 전 세계에서 일어나고 있는 사회적 이슈에 대해 무관심하다면 '좋은 선수'로 기억될 수는 있겠지만 많은 사람의 존경을 받는 '위대한 선수(GOAT, The Greatest Of All Time)'로 기억될 수는 없다.

선수가 자신이 속한 지역사회와 나아가 전 세계에서 일어나는 이슈에 관해 관심을 가지는 일은 매우 중요하다. 세상 모든 일은 우리 생활 깊숙이 직간접적으로 영향을 주고받으며 연결되어 있기 때문이다. 스포츠 스타는 이 시대를 대표하는 영웅적 유명인(hero)으로서 책임감을 느끼고 사회 전반에 일어나는 여러 문제에 대해 적극적으로 행동해야 한다.

학계에서는 휴먼 브랜드를 유명인(Celebrity)과 영웅적 유명인(Hero)로 분류한다. 유명인은 대중적 인지도와 선호도는 매우 높지만, 사회적 업적이나 영향력이 덜하고 영웅적 유명인은 선호도는 높지 않지만, 사회적 업적이나 영향력을 가지고 있는 인물을 말한다.

스포츠 스타가 대중에게 단순한 즐거움을 주는 존재를 넘어서, 누군가의 롤모델이 되고 이를 통해 자신감과 삶에 대한 만족감을 얻는다면 이보다 의미 있는 일도 없을 것이다. 스포츠는 인종, 종교, 언어, 문화 등 세상에 존재하는 다양한 차이를 넘어서 하나로 연결할 수 있는 힘이 있기 때문에 이 분야에서 남다른 성과를 거둔 스포츠 스타의 철학이 담긴 발언은 많은 이들의 공감을 얻을 수 있다.

선수 시절 사회적 유대감을 잘 형성한 선수가 은퇴 이후 오랜 기간 더 많은 대중의 사랑을 받으며 사회에 '소중한 자산'으로 남을 수 있다는 사실은 두말할 나위가 없다. 유명인은 만들어질 수 있지만 영웅은 만들 수 없다. 영웅은 스스로 만들어야 한다.

"나는 내 남은 커리어를 미래 당구 세대를 위해,
좋은 유산을 남기기 위해 이곳 프로당구에 왔다." (세미 사이기너)

23-24시즌 프로 첫 데뷔 후 우승한 튀르키예 당구 전설 세미 사이기너가 우승 소감으로 '자신의 남은 커리어를 미래 당구 세대를 위해 바치

겠다'고 말했다. 세미 사이기너 선수는 세계캐롬연맹UMB와 튀르키예를 대표하는 선수로 프로행을 선택하는 과정이 쉽지 않았을 텐데 자신이 프로행을 택한 이유를 멋지게 설명했다. 무엇보다 자신이 평소 가지고 있는 당구 철학을 짧은 인터뷰 시간에 녹여 냈다는 측면에서 인상 깊었다. 이번 세이기너 선수 우승 인터뷰를 기점으로 주최사와 스폰서 이름만 나열하는 진부한 우승 인터뷰에서 벗어나 선수 자신만의 철학이 담긴 진솔한 이야기가 많이 나왔으면 한다.

이상으로 프로선수라면 갖춰야 할 마음가짐 7가지를 정리했다. 이제 막 프로화를 맞이한 선수에게 작으나마 도움이 되었으면 한다. 꼭 여기서 언급한 내용 말고도 선수 본인이 생각하는 프로다운 모습을 지속해서 고민하고 실천해 나가길 기대한다. 선수 개인의 성장과 프로당구 성장은 같은 방향을 바라보고 있다. 개성 넘치는 선수가 많이 나와야 리그가 활기차지고 새로워진다. 세상에 없는 당구가 더 큰 무대로 성장하기 위해 각자 맡은 자리에서 최선을 다한다면 지금보다 더 큰 꿈을 이뤄낼 수 있을 것이다.

 3-3 미래 당구는 어떤 모습일까?

"프로당구는 어떤 모습이어야 할까?" 2019년 6월 프로당구 첫 대회가 열리기 전날 불현듯 머릿속을 스치고 지나간 '스스로에게 던진 질문'이다. 2016년 말 당구계 원로와 선수, 심판, 마케팅 전문가 등으로 구성된 프로당구추진위원회가 출범하면서 세트제나 뱅크샷 2점처럼 프로당구 경기방식에 대한 방향은 어느 정도 가닥이 잡혔다. 하지만 실제 프로당구가 어떤 모습으로 대중에게 다가서야 하는지에 대한 논의는 충분히 이뤄지지 못한 상태였다.

학교 다닐 때 마케팅 교수님께서 이런 질문을 하셨다.

"시장 조사를 해보니 김치냉장고에 대한 소비자 니즈Needs는 충분했다. 그런데 막상 김치냉장고가 출시되자 소비자가 외면했다. 그 이유는 무엇 때문이었을까?"라는 질문에 "기능이다", "가격이다", "집이 좁아서 문제가 아닐까?"라는 다양한 의견이 오갔다. 교수님께서는 '디자인'을 주된 원인으로 꼽았다.

초기 김치냉장고는 기존 냉장고와 외관상 큰 차이점을 보여주지 못했다. 애당초 김치 보관을 목적으로 만들었기 때문에 새롭게 출시한 김치냉장고가 기존 냉장고와 비교해 김치를 숙성하고 보관하는 데 최적화 되었다는 사실은 알겠지만 막상 구매하려 보니 집에 있는 냉장고와 똑같이 생겼다. "집에 똑같이 생긴 냉장고가 굳이 2대씩이나 필요할까?"라는 의문이 초기 김치냉장고 판매에 커다란 걸림돌로 작용했단다. 김치냉장고는 '성능' 만큼이나 '디자인'을 중요하게 고려해 출시해야 했다. 최근 기능적인 면을 넘어 마치 예술작품을 연상케 하는 멋진 디자인의 김치냉장고를 보며 프로당구 역시 이른 시일 내에 제 모습을 찾고 지금보다 더 멋진 모습으로 거듭났으면 한다.

프로당구가 출범한 지 만 5년 차를 맞은 지금도 프로당구가 어떤 모습이어야 하는가에 대한 답을 찾는 과정에 있다. 당구 팬이 실제 피부로 느끼게 될 당구 대회의 외형적인 변화는 세상에 없는 당구를 소개하는 데 있어 매우 중요한 과제가 아닐 수 없다. 하지만 프로당구가 어떤 모습이어야 하는지 갈피를 못잡고 있는 상황 속에서도 확실한 기준이 하나 있다. 바로 프로당구가 기존 당구와 달라야 한다는 점이다. 기존 당구하면 떠오르는 엄숙하고 조용하고 무거운 분위기에서 벗어나 밝고, 신나고, 유쾌한 분위기 연출이 프로당구만의 차별화 포인트다. 지금부터 프로당구다운 모습을 찾기 위한 여정을 살펴보자. 다양한 시도 속에 수많은 비난을 받았지만, 평범한 것이 특별하게 될 확률보다 특이한 것이 특별하게 될 확률이 더 높으리라는 믿음을 바탕으로 이슈가 된다면 과감히 시도하고 고쳐나갔다.

★ 세상에 원래 그런 건 없다

오랜 세월 당구 대회는 엄숙한 분위기에서 진행됐다. 현장에는 느리고 조용한 클래식 음악이 흘렀고 당구 경기장에서는 당구공 부딪치는 소리만이 가득했다. 멋진 샷이 나와도 조용한 분위기에 압도되어 아주 찰나의 박수 소리만이 간간이 들릴 뿐이었다. 이러한 분위기는 전파를 타고 시청자에게 고스란히 전달되었다. 미디어 속에 비친 당구 경기는 실제 현장에서 마주하는 당구 경기보다 좁고 답답해 보였다. 통산 당구대 외경은 길이 3.1m, 너비 1.7m이다. 긴쪽을 장쿠션, 짧은 쪽을 단쿠션이라고 부른다. 이전 당구 중계는 단쿠션 위주로 중계했다. 경기 시작을 알리는 뱅킹이 단쿠션으로부터 시작했기 때문이다. 경기에 임하는 선수도 단쿠션이 시작점이 되자 단쿠션 양쪽 끝에 앉아 경기를 펼쳐야 했다. 가뜩이나 작은 당구대인데 단쿠션 쪽 너비 1.7m 당구대를 사이에 두고 양 선수가 경기하는 모습은 선수 명성이나 경기 내용과 상관없이 당구를 초라한 모습으로 내몰았다.

당구가 프로화되면서 가장 먼저 했던 일은 경기장에 울리는 조용한 클래식 음악을 버리는 일이었다. 시기에 맞게 다양한 장르 음악을 사용했고 음향 레벨도 상향 조정했다. 당구가 고도의 집중력과 흐름에 민감한 종목이기 때문에 신경이 거슬리는 강한 멜로디나 비트를 가진 배경음악은 지양했다. 예선전에는 경쾌하고 부드러운 멜로디 느낌을 주는 힙합 장르를 사용하고 4강이나 결승전에는 웅장하고 가슴 벅차는 에픽 계열 음악을 주로 사용했다. 옆에 있는 상대방과 이야기하려면 귓속말을 할 수 있는 수준까지 음향 레벨을 올렸는데 옆 사람과 귓속말하면서 상호 친밀감도 높이고 다른 잡소리에서 벗어나 경기에 몰입할 수 있는 효과를 기대했다. 현장에 드라마 음악을 담당하는 음악감독도 섭외해 경기 상황에 맞는 음악을 적재적소에 배치하며 경기에 대한 몰입감을 높였다. 예를 들자면 중요한 승부처에서는 선수들의 사기를 끌어올리기 위해 '지금, 이 순간(This is The Moment)'과 같은 뮤지컬 음악을 활용하는 식이다.

분위기가 과열된 상황에서는 긴장감을 덜어 주기 위해 '상어 가족'같은 음악을 변칙적으로 사용했다. 선수 득점 시 분위기를 띄울 수 있는 다양한 득점 영상과 음악(1득점, 뱅크샷, 럭키 샷, 퍼펙트 큐 What a shot 등)도 제작했다. 그간 당구가 워낙 정적인 느낌이 강해서 이런 시도가 혹시나 선수 경기력에 영향을 미치지 않을까 조마조마한 마음으로 결과를 지켜봤던 기억이 아직도 생생하다. 지금은 뱅킹, 타임아웃, 세트 시작과 같이 경기 전반에 거쳐 심심하다고 느끼는 부분에 영상과 음악을 경기 흐름에 맞게 촘촘히 심어 놓았다.

당구여제 김가영 선수가 퍼펙트 큐를 기록했다

시각적으로 만족감을 주기 위해 관중석 정면에는 대형 LED를 배치했다. 경기 전 대형 LED에는 경기 관람 에티켓과 응원 문화 캠페인 영상을 제작해 상영했고 다른 테이블 스코어를 볼 수 있도록 스코어 보드로도 활용했다. 쉬는 시간에는 음악에 어울리는 VJ소스를 활용해 때로는 '락 공연장'같은 때로는 '클럽'같은 분위기도 연출했다. 코로나19 기간에는 대형 LED를 랜선 응원으로 활용했다. 하지만 역시나 대형 LED의 가장 큰 장점은 후원사 로고 노출이다. 경기 뒤로 언뜻언뜻 비치는 스폰서 로고는 대회 종료 후 노출 효과로 산출되어 스폰서를 만족시키는 데 한몫했다.

대형 LED를 설치해 경기장에 생동감을 불어 넣었다

　미디어 중계 방식에도 변화를 줬다. 기존 오랜 관행으로 굳어진 단쿠션을 과감히 버리고 장쿠션 중계를 시도했다. 당구 중계가 단쿠션에서 장쿠션으로 바뀌면서 선수 좌석 배치도 달라졌다. 선수들은 기존 너비 1.7m를 사이에 두고 경기를 펼치던 방식에서 벗어나 길이 3.1m를 사이에 두고 경기를 펼치게 됐다. 시청자 입장에서는 당구 경기장이 더 커 보이는 듯한 느낌을 받았을 것이다. 단쿠션에서 장쿠션으로 카메라가 이동하면서 생긴 빈자리에는 카메라가 추가로 늘어왔다. 기존 당구 대회 중계는 4~6대 정도 카메라가 사용되었는데 프로당구 대회는 8개 이상의 카메라를 사용하고 있다. 늘어난 카메라는 기존 중계 화면에서 볼 수 없었던 다양한 장면을 담았다. 경기에 임하기 전후 선수 표정이나 복장을 비롯해 선수마다 특징적인 스트로크 자세 등이다. 프로당구에서는 주요 경기마다 다양한 공연을 진행하는데 장쿠션 중계 방식으로 인해 공연 또한 다양한 각도로 촬영하면서 관중에게 화려한 볼거리를 제공할 수 있게 되었다. 프로당구에 담은 장면이 풍성해지자 당구 중계 화면 전환 속도도 이전보다 다채롭고 빠르게 전개되었다.

세상에 없는 당구

단쿠션 위주로 중계하는 대회, 자료 출처: 파이낸셜 뉴스

장쿠션 위주로 중계하는 대회

장쿠션에 설치한 카메라 렌즈에 사인하는 최혜미 선수

당구가 프로화되면서 당구의 모든 것을 새롭게 바라봐야 했다. 평소라면 던지지 않았을 질문이 꼬리에 꼬리를 물고 이어졌다. 프로당구 출범 이후 지금까지 "이건 왜 이렇지?"라는 질문을 달고 살았던 것 같다. 기존 당구 대회를 보며 원래 그렇다고 여겨질 법한 수많은 관행에 대해 여러 당구 원로분께 묻곤 한다. "당구 대회장에는 왜 클래식 음악을 틀죠?"와 같은 질문이다.

하지만 그때마다 왜 그런지에 대한 특별한 이유를 찾지 못한 경우가 많았다. 많은 질문과 답변 속에 '세상에 원래 그런 건 없다'는 사실에 대한 믿음이 더욱 강해졌다. 혁신이란 원래 그런 것에 대한 의심으로부터 출발하는 법이다. 지금 당장 프로당구가 시도한 크고 작은 혁신도 10년 뒤, 100년 뒤 지금 우리가 그러했듯 반드시 되물어야 하는 메시지다. "프로당구 이대로 괜찮은가?" 프로당구가 '세상에 없는 당구'로 거듭나기 위해 스스로 던져야 할 메세지다.

세상에 없는 당구

평창 동계올림픽은 88서울올림픽 이후 30년 만에 대한민국에서 열린 대형 스포츠 이벤트다. 올림픽은 메가 스포츠 이벤트로서 해당 국가 산업 전반에 커다란 영향을 미칠 정도의 파괴력을 가졌다. 대한민국 스포츠 산업은 2018년 평창 동계올림픽을 기점으로 크게 업그레이드되었다고 해도 과언이 아니다. 올림픽 특수를 맞아 영상, 음향, 조명, 특효, 레이저, 전식, 트러스 등 이벤트 관련 장비가 글로벌 수준으로 업그레이드되었다. 하드웨어 못지않게 소프트웨어 역시 업그레이드되었다. 소프트웨어 업그레이드 핵심은 스포츠 프레젠테이션Sports Presentation이다.

스포츠 프레젠테이션이란 올림픽 경기장을 직접 찾은 관중에게 올림픽을 오감으로 경험할 수 있도록 다양한 엔터테인먼트 요소를 제공하는 활동이다. 올림픽을 오감으로 느끼게 해준다는 개념이 너무 방대하기 때문에 평창 동계올림픽 스포츠 프레젠테이션의 실사례를 소개한다.

2018 평창 동계올림픽을 관람하고자 경기장을 방문한 사람은 경기장 입구에서부터 들려오는 사회 각계각층 셀럽celeb들의 목소리를 먼저 듣게 될 것이다. "안녕하세요? 저는 OOO입니다. 경기장을 찾아 주신 여러분 진심으로 환영합니다. 바닥이 아주 미끄럽습니다. 넘어지지 않게 조심히 해주세요~ 여기서부터 경기장까지 들어가는데 소요되는 시간은 약 30분입니다. 핸드폰은 잠시 내려두시고 함께 오신 가족과 친구와 즐거운 대화를 나눠보시는 게 어떨까요?"와 같은 메시지를 전달한다. 기다리는 시간이 지루하지 않도록 배려하기 위해서다.

대회장에 들어서면 경기 전 거대한 전광판을 통해 올림픽 마스코트(수호랑, 반다비)가 등장해 해당 종목 역사와 경기 방식을 영상으로 설명해 준다. 올림픽은 스포츠 팬보다는 올림픽 분위기 그 자체를 즐기기 위해 현장을 찾은 일반 관중이 많기 때문에 해당 종목에 대한 기본 정보를 제공하는 것이다. 스포츠는 룰을 알면 더욱 재미있게 경기를 관람할 수 있기 때문에 대부분의 관중이 해당 종목을 처음 경험한 사람이라는 가정하에 영상을 제작한다. 경기 중에는 응원단장과 치어리더가 박수, 함성, 파도타기 등과 같은 단체 응원을 유도하며 신나는 분위기를 연출한다. 휴식 시간Break time에는 가수 공연을 곁들여 경기장 분위기를 반전시키며 경기와 또 다른 재미를 제공한다. 경기가 끝나면 밤늦게 경기장을 떠나는 관중을 위해서 야광봉과 안전조끼를 입은 진행요원을 대회장 곳곳에 배치해 안전하게 귀가할 수 있도록 주요 동선을 살핀다.

진행요원에게는 경기장을 떠나며 등을 보이는 관중을 향해 미소와 인사를 끝까지 놓치지 않도록 교육한다. 이처럼 스포츠 프레젠테이션은 대회장 안팎, 경기 전중후 다양한 활동을 통해 현장을 찾은 관중이 특별한 경험을 할 수 있도록 돕는 수단이다.

2019년 출범한 프로당구는 평창 동계올림픽 스포츠 프레젠테이션 활동을 적극 도입했다. 출범 초기 프로당구 창설 멤버 대부분이 평창 동계올림픽 스포츠 프레젠테이션 업무를 경험했기 때문에 스포츠 프레젠테이션 활동에 대한 노하우를 보유하고 있었다. 이제 막 프로화에 나선 당구라는 비인기 종목을 소개하는데 평창 동계올림픽 스포츠 프레젠테이션만큼 유용한 수단도 없을 것이다. 이런 측면에서 프로당구는 평창 동계올림픽이 남긴 유산이라 부를 만하다. 만약 올림픽 무대에 당구를 본다면 어떤 느낌일까? 프로당구에서 간접 체험할 수 있을 것이다.

★ 세상에서 가장 멋있는 당구 선수로 소개해 주세요~ UFC 아나운서처럼

장내 아나운서계 살아 있는 전설이 있다. 버퍼 형제다. 형 마이클 버퍼는 1944년생으로 만 78세이고, 동생 브루스 버퍼는 1957년생으로 만 65세이다. 이복형제이지만 사이가 매우 좋은 것으로 알려졌다. 마이클 버퍼는 깔끔하고 고급스러운 목소리로 유명하다. 복싱, 프로레슬링, NFL

세상에 없는 당구

분야에서 주로 활약한다. 마이클 버퍼는 20세에 베트남 전쟁에 입대해 23세까지 복무했는데 미국으로 돌아와 15년간 무명 배우 활동을 하다가 38세 링 아나운서가 되었다. 평소 복싱 팬이었던 그는 대부분 복싱 아나운서가 무미건조한 멘트만 한다는 사실을 깨닫고 특별한 멘트를 고민한다. 초기 관객 반응은 싸늘했지만 계속해서 완벽한 멘트를 찾던 그는 복싱 역사상 가장 위대한 경기라 일컫는 무하마드 알리가 조지 포먼과 경기를 앞두고 했던 말 "I'm ready to rumble"에서 힌트를 얻어 "Let's get ready to rumble!"을 완성했다. 세기의 대결이 펼쳐질 때마다 특성 링을 떠들썩하게 만드는 단골 멘트다. 팬들은 그의 트레이드 마크인 이 멘트를 좋아했다. 그의 멘트가 경기장에 크게 울려 퍼지면 링은 순식간에 열광의 도가니가 되었다. 마이클 버퍼는 링 위에서 이 다섯 단어를 외칠 때마다 평균 2만 5천 달러에서 10만 달러 사이를 받는데 최고 100만 달러까지 받은 것으로 알려졌다. 마이클 버퍼는 이 멘트 하나로 30년간 최고의 링 아나운서로 군림하면서 무려 4억 달러(한화 4,758억 원)를 벌어들였다. 그는 1992년 자기 대표 멘트를 퍼블리시티권the right of publicity 상표에 등록하며 수억 달러 로열티를 받기도 했다. 그는 유명세 덕분에 몇 편의 영화와 TV쇼에 카메오로 출연했고, 심지어 그의 이름을 딴 비디오 게임까지 나왔을 정도다.

동생 브루스 버퍼는 포효하는 듯한 야성적인 목소리가 매력이다. 이종격투기 단체 UFC에서 주로 활약한다. 그는 이미 최고 링 아나운서로 활동하고 있던 이복형 마이클 버퍼 매니지먼트를 시작으로 격투계와 인연을 쌓아간다. 그는 형 마이클 버퍼가 선수 소개 전에 사용하는 특별 멘트 "Let's get ready to rumble!"을 퍼블리시티권에 등록하며 수익을 끌어내는 데 일조했다. 그는 형 마이클 버퍼가 프로레슬링 단체 WCW와 독점 계약을 맺으며 더 이상 UFC 일을 할 수 없게 되자 1996년 자신이 직접 UFC 공식 아나운서로 활동하면서 명성을 얻게 된다. 그의 트레이드 마크 멘트는 "It's time!"이다. 선수와 호흡하며 마치 자신이 경기에 임하기라도 하듯 자신이 낼 수 있는 최고치 음량으로 선수를 멋지게 소개한다. 특히, 멘트 마지막에 점프하며 포효하는 모습이 인상적이다. 버퍼 형제는 경기 전 선수를 세상에서 가장 멋지게 소개하면서 경기장 분위기를 최고조로 끌어낸다. 링 아나운서가 보조적인 위치에 그치지 않고 자신이 가진 한계를 뛰어넘으면서 선수 소개에 새 지평을 열었다는 점에서 높게 평가할 만하다.

프로당구도 장내 아나운서를 운영한다. 장내 아나운서는 대회의 시작을 알리는 개막식 사회부터 시작해 경기 관련 에티켓 안내나 응원 유도까지 크고 작은 이벤트 진행을 도맡고 있다. 그중 현장에서 장내 아나운서에게 가장 신경 써 달라고 요청하는 부분이 바로 선수 소개다. 예선과 본선을 거쳐 마침내 결승까지 올라온 선수가 지금, 이 순간만큼은 '세상에서 가장 멋진 당구 선수'로 기억되길 바라는 마음을 선수 소개에 담고자 했다. UFC장내 아나운서가 선수 소개를 할 때 선수와 호흡하며 선수의 피가 끓어오를 수 있도록 노력하는 것처럼 우리 프로당구 선수들도 자신이 가진 기량을 마음껏 발휘할 수 있도록 열정적으로 소개해 달라고 요청한다. 경기 전 양 선수를 위해 특별 영상을 제작할 경우 즉석에서 내레이션을 요청하기도 한다. 장내 아나운서 말 한마디, 어감 하나가 대회장 분위기를 좌지우지하고 현장에 모인 관중에게 큰 울림을 줄 수 있기 때문에 프로당구에서 장내 아나운서 역할은 매우 중요하다. 프로당구 초기 장내 아나운서 목소리가 익숙지 않은 시청자들이 장내 아나운서에 대한 불만을 늘어놓기도 했는데 적재적소에 터지는 멋진 샷에 관중들의 박수와 함성을 끌어내는 장내 아나운서 역할은 당구를 프로스포츠 반열로 올리는 데 여러모로 긍정적인 역할을 수행했다고 생각한다. 프로당구 장내 아나운서는 이러한 공로를 인정받아 지난 2023년 프로당구 대상 시상식에서 공로상을 받기도 했다.

세상에 없는 당구

* 타임아웃time-out

22-23시즌 NBA선수 평균 연봉은 966만 달러다. 환율을 감안한다면 연 100억 시대를 활짝 연 셈이다. 이와 더불어 NBA마스코트의 높은 연봉 역시 주목받았다.

NBA마스코트 중에서도 가장 높은 몸값을 자랑하는 캐릭터는 덴버 너기츠의 '로키'다. 로키의 연봉은 62만 5천 달러, 한화 8억 8천만 원인 것으로 확인됐다. 로키는 평소 경기장 한가운데서 9m 높이의 사다리에 올라가 슛을 던지거나, 관중석 벽을 타고 꼭대기까지 올라가는 등 화려한 퍼포먼스와 팬 서비스로 선수 못지않은 인기를 얻고 있다. 로키는 덴버 너기츠가 홈 경기 티켓 판매를 유도하기 위해 1990년 처음 데뷔했으며, 배우이자 연기자인 켄 솔로몬Kenn Soloman만이 해당 캐릭터 역할을 맡았다.

한편 로키 다음으로 연봉이 높은 마스코트는 애틀랜타 호크스의 '해리(60만 달러)', 시카고 불스의 '베니(40만 달러)', 피닉스 선즈의 '고(20만 달러)' 순이다. NBA마스코트들의 평균 연봉은 로키의 10분의 1 수준인 6만 달러, 한화 약 8천5백만 원으로 알려졌다. 스포츠 마케팅 관점에서 대한민국에 NBA마스코트와 같은 고액 연봉자가 없는 이유는 생각해 볼만 하다.

국내 프로스포츠에서 마스코트 역할은 수년째 부차적인 역할에 머물러 있다. 경기장에서 경기 내외로 스포트라이트를 받는 쪽은 선수와 감독에 한한다는 암묵적인 합의가 형성된 분위기다.

대한민국에서 마스코트를 비롯해 치어리더, 응원단장 등 경기장 분위기를 주도하는 구성원에 대한 관심이 뒷전으로 밀리게 주된 원인은 프로 출범부터 이들의 역할을 브레이크 타임 때 '응원'을 유도하는 정도로 그 역할로 '한정'했기 때문이다. 매해 해당 구단 입찰을 통해 운영 대행사가 바뀔 수 있는 환경이라는 점 역시 마스코트, 치어리더, 응원단장이 해당 구단 프랜차이즈 스타로 자리 잡을 수 없는 이유다.

NBA처럼 스포츠 산업 규모가 커다란 환경에서도 선수나 감독 외 마스코트와 같은 또 다른 형태의 프랜차이즈 스타 탄생이 NBA흥행에 큰 도움을 준다는 건 두말할 나위가 없다(너무나도 당연한 이야기지만 NBA는 여기서 소개한 마스코트에 머물지 않고 계속해서 또 다른 형태의 프랜차이즈를 개발할 것이다). 리그 흥행을 위해서 우리나라 역시 선수나 감독 외 새로운 형태의 프랜차이즈 스타 탄생을 마다할 이유가 없다.

하지만 이를 위해서는 협회, 구단, 운영대행사 모두가 선수나 감독 외 새로운 프랜차이즈 탄생에 대한 필요성을 공감하고 열린 마음으로 새로운 스타 탄생에 가능성을 모색해야 할 것이다. 세계 어디에 내놓아도 자랑스러운 마스코트, 치어리더, 응원단장 등이 있다면 해당 스포츠 경기장에 가고 싶은 이유가 또 하나 생기지 않을까?

현재, 프로당구에도 마스코트 도입 시기를 조율 중이다. 당구 경기가 남녀노소 즐길 수 있고 야간에 활성화된 만큼 장수, 지혜, 부의 상징인 부엉이나 당구 종목이 대한민국을 중심으로 세계 무대를 호령한다는 의미를 담아 대한민국을 상징하는 호랑이를 마스코트로 선정해 볼 수 있겠다.

"당구 대회에 무슨 마스코트냐?"와 같은 비난이 뒤따르겠지만 지금은 누구도 가지 않은 길을 가는 것을 두려워하지 않고 새로운 돌파구를 찾아 나서야 할 때다.

★ 춤과 노래는 인간의 본능

프로당구 무대에서 DJ와 댄스 공연이 펼쳐지고 있다

프로당구 무대에서 드러머 공연으로 사람들의 이목을 집중시켰다

할리우드 시나리오 구루(Guru) 블레이크 스나이더는 그의 책 「SAVE THE CAT!: 흥행하는 영화 시나리오의 8가지 법칙」에서 영화를 만드는 데 있어서 처음부터 끝까지 지켜야 하는 원칙에 관해 이야기했다. 바로 영화는 원초적인 사건의 연속이어야 한다는 점이다. 내게 '원초적'이라는 이 단어는 스포츠 이벤트 행사를 기획하고 실행하는 과정에서 곱씹어 보는 초석 같은 단어다. 그는 시나리오를 작업하는 데 처음부터 끝까지 "원초적인가?"하는 질문을 스스로에게 던진다. 그리고 실제로 더 원초적으로 만들기 위해 노력한다. "원초적인가?" 혹은 "원시인도 이해할 만한가?"라고 질문하는 것은 곧 관객에게 원초적인 수준에 공감하고 있는지를 묻는 것이다. 생존, 배고픔, 섹스, 사랑하는 이의 보호, 죽음에 대한 두려움과 같은 인간의 원초적인 욕구에 얼마나 충실한가가 성공하는 시나리오의 핵심이라고 설명한다. 영화에서 어떤 인물이라도 그가 가진 목표는, 아무리 그것이 외견상으로는 다르게 보여도 실은 원초적인 것이어야 한다는 것이다. 모든 중국인이 러브 스토리에 공감하고 남아메리카의 모든 사람이 죠스나 에일리언을 이해하는 이유도 '잡아먹히면 안 된다'라는 원초적 충동 때문이라고 설명한다. 등장인물의 충동을 더욱 원초적으

로 만듦으로써, 일어나는 모든 사건이 본능이라는 원칙에 충실하게 될 뿐만 아니라 이야기를 전 세계에 팔기가 더 수월해진다는 것이다.

스포츠는 태생부터 원초적이다. 잠시 스포츠 기원을 상상해 보자. 그 옛날 원시인들은 생존을 위해 사냥에 나서야 했다. 들판을 이동하는 매머드떼를 잡기 위해 전략을 짜고 더 빨리, 더 높이, 더 멀리 그리고 다 함께 뛰면서 목표를 이루기 위해 노력했을 것이다. 상호 역할 분담을 하는 과정에서 자연스레 경쟁과 협력하는 법을 배웠을 것이다. 매머드가 워낙 덩치가 크고 힘도 세기 때문에 자칫 잘못하면 목숨이 위태로울 수 있는 상황이어서 모두가 죽기 살기로 매머드 사냥에 임한다. 온갖 어려움을 이겨내고 매머드 사냥에 성공한 원시인 무리는 그날 저녁 모닥불 아래서 음식을 나누며 춤과 노래로 흥을 돋았을 것이다. 가장 큰 공로를 차지한 원시인은 가장 좋은 양질의 고기를 차지했을 것이고 마을의 원로는 매머드 사냥에 큰 공을 세운 원시인의 용맹함을 칭송하며 영웅으로 추대했을 것이다. 오늘날 스포츠 형태도 이와 크게 다르지 않다. 매머드를 쫓아 들판을 헤매던 원시인들은 이제 공을 쫓아 그라운드를 누비게 됐다. 여러 경쟁자를 물리치고 마침내 승자의 자리에 오르면 그를 추종하는 무리들이 거리로 뛰쳐나가 자신들의 영웅을 자랑스럽게 외친다. 경기장 주변 가게에서는 자신이 응원한 선수와 팀 이야기를 안주 삼아 밤새 축하 파티가 이어진다. 스포츠는 인류가 태곳적부터 DNA에 간직한 경쟁과 승리라는 본능과 더불어 춤과 노래에 대한 열망을 대변한다. 오늘날 전 세계 모든 스포츠 경기장에 경쟁과 승리가 있고 춤과 노래가 함께하는 이유다. 당구 역시 예외일 리 없다.

★ 왜 당구 경기는 신나면 안 되나?

고백하건대 나는 대부분 스포츠를 좋아하기는 하지만 프로당구 출범 이후 만 5년이 지난 지금까지도 당구 경기 자체에 그다지 흥미를 느끼지 못하는 편이다. 당구보다 오랜 세월 몸담았던 프로골프 역시 마찬가지 상황이었다. 지금은 골프를 최애 스포츠로 꼽지만 그나마 골프에 진심을 보인 것도 비교적 최근 일이다. 그래도 만약 내게 지금 당장 스포츠 경기 티켓을 한 장 선물해 주겠다고 한다면 학창시절 가장 좋아했던 농구를 선택할 것이다. 아직도 화려한 드리블로 돌파하고 멋진 슛을 성공한 후 카메라를 보며 개성 있는 세레모니를 선보이는 농구 선수가 그렇게 멋있어 보일 수 없다. 어린 시절 스포츠에 대한 경험은 이래서 중요한 게 아닌가 싶다.

스포츠 마케터로 일하면서 다 큰 성인이 어느 날 갑자기 스포츠 팬으로 변신하는 마법 같은 일은 일어나지 않는다는 사실을 깨달았다. 해당 종목이 지속적으로 성장하기 위해서는 유소년 시절부터 최대한 해당 종목을 많이 접할 기회를 만들어야 한다. 하지만 한 명의 스포츠 팬을 만들기 위한 작업이 10년이 걸릴지 20년이 걸릴 지 그 누구도 장담할 수 없기 때문에 대부분 어린 팬을 잡기 위한 노력을 게을리하고 만다. 프로당구 역시 마찬가지 상황이다. 간헐적으로 인근 초등학교 학생을 직업 체험과 연계해 대회장으로 초청하기는 하지만, 장기적인 활동으로 이어가지 못했다. 이제 막 프로화를 선언한 막내 프로스포츠는 치열한 경쟁에서 살아남기 위해 내일보다 당장 오늘이 더 중요했기 때문이다. 유소년 팬을 육성해야 한다는 과제는 잠시 미루고 프로당구가 당장 오늘 할 수 있는 일은 무엇일까? 한국야구장은 신나는 응원문화로 젊은 팬을 사로잡았다. 야구 본고장인 미국에서 볼 수 없는 큰북, 응원단장, 치어리더가 신나는 음악과 댄스로 경기장 분위기를 끌어 올린다. 프로당구 역시 이러한 신나는 분위기를 경기장에 가져오고자 노력했다. 오늘날 스포츠 이벤트는 경기 자체가 주는 즐거움을 넘어 경기 외적으로 다양한 즐거움을 제공해야 한다. 슈퍼볼 하프타임 쇼와 같은 예를 군이 따로 들지 않더라도 스포츠가 더 이상 스포츠에만 집착하는 시대는 끝난 지 오래다. 춤과 노래는 인류가 태초부터 함께 한 즐거움의 원천으로 이를 어떻게 활용할 것인지 심사숙고해야 한다.

프로당구 무대에서 프바걸즈 공연 중이다

　프로당구는 프바걸즈라는 공연팀을 운영한다. 프바는 PBA를 한글로 읽으면 나오는 발음인데 많은 농구팬이 NBA를 느바라고 읽는다는 점에서 착안했다. 여기에 여성으로 구성되었기 때문에 걸즈를 뒤에 붙였다.

　프바걸즈는 과거 아이돌 출신, 댄스 강사 경력이 있는 멤버 4~6명으로 구성되었다. 프로당구 공연은 멤버 간 호흡이 특히 중요하다. 프로당구는 경기장과 관람석이 매우 가까우므로 조금만 실수해도 금방 티가 나기 때문이다. 프로당구는 종목 특성상 카메라 클로즈업 비중이 높은 편인데 손짓, 몸짓, 표정까지 한눈에, 카메라에 담기기 때문에, 카메라에 불이 들어오든 들어오지 않든 상관없이 공연을 마치고 퇴장하는 순간까지 긴장을 놓지 않을 것을 요청한다. 관중 호응이 공연을 완성하기 때문에 눈빛 하나 동작 하나마다 관중과 교감하는 것도 빠질 수 없는 요소다.

공연이 식상하지 않도록 매번 최신곡과 유명 곡을 선정하는데 최근에는 SNS에서 화제가 된 챌린지 댄스를 가미해 분위기를 끌어 올렸다. 춤이 너무 규칙적이어도 재미없고 너무 불규칙적이면 불안하기 때문에 규칙과 불규칙 비율에 신경을 쓰는 편이다. 커버 댄스 느낌을 지양하기 위해 당구하면 떠오를 수 있는 다양한 창작 안무를 적절히 배치하기도 한다. 예를 들자면 We are the PBA라는 프로당구 타이틀 곡에 당구 큐대를 활용한 안무를 구성하는 식이다. 한 차례 공연을 위해 일주일에 3회 이상 3~5시간 이상 연습하는데 공연마다 어울리는 복장이나 메이크업, 헤어, 소품도 함께 고민해 선정한다. 대회마다 아이돌 칼군무에 준하는 안무와 레퍼토리를 소화하다 보니 다른 공연 팀보다 연습량이 많을 수밖에 없다. 프로당구 경기가 열리고 있는 지금, 이 순간에도 프바걸즈 팀과 당구 경기를 보다 재미있게 만들기 위해 노력 중이다. 지금은 프바걸즈 공연이 어느 정도 자리가 잡혔지만, 프로 초기 당구 경기에 공연이 웬 말이냐는 소리를 자주 들었다.

프로당구 출범 초기 프바걸즈라는 이름이 없었다. 당시에는 프로당구 치어리더라고 불렀다. 위에서 프바걸즈가 아이돌 출신, 댄스 강사 출신이라고 소개했지만 사실 이들은 여전히 기존 프로스포츠 테두리 안에서 치어리더로 활동하고 있었다. 프바걸즈라는 그룹명을 붙인 이유는 이들이 기존 치어리더 역할에서 벗어나 새로운 정체성을 가지고 프로당구 무대에서 주연으로 활약해 주기를 바랐기 때문이다. 기존 프로스포츠에서 치어리더 역할은 조연에 머물렀다. 프로농구 기준으로 전반 2회, 후반 3

회, 연장 1회 브레이크 타임 90초 동안 등장해 분위기를 전환하는 역할이었다. 하지만 프로당구는 브레이크 타임이 최대 5분(정규 투어 결승전 기준 2세트 5분, 4세트 5분, 6세트 2분 30초)이다. 지금이야 프로당구 무대에서 5분짜리 공연을 보는 것이 익숙하지만 프로당구 초기 공연 시간은 프로농구에 맞춰진 1분 30초였다. 어리석게도 프로스포츠 공연은 원래 1분 30초가 아니라는 사실을 깨닫는데 1년이라는 시간이 걸렸다.

1분 30초짜리 공연과 5분짜리 공연을 준비하는 건 차원이 다른 문제다. 세상에서 가장 멋진 슈퍼볼 하프타임 쇼는 약 13분 내외로 구성되었는데 대략 3~5명 아티스트가 각자 또 함께 공연한다. 관중 입장에서는 엄청나게 긴 공연을 본 것 같지만 13분 안에 압축적으로 공연을 진행한다. 아티스트당 3~4분 시간을 할애받는데 세계 최고의 아티스트라 할지라도 3~4분 안에 펼쳐지는 무대가 완벽하지 않을 경우 혹평으로 이어지기 십상이다. 슈퍼볼에 비할 바는 아니지만 최고의 무대를 만드는 건 결국 아티스트 본인이기 때문에 프로당구 무대에 선 프바걸즈 팀에게 프로당구 무대에 서면 세상에서 가장 멋진 무대를 만들어 달라고 요청한다. 단순히 노래에 맞춰 커버댄스 하는 수준에서 벗어나 창작 안무를 많이 선보여 차별화를 시도하고 있다. 프로당구 경기를 보다가 5분 동안 뮤직뱅크 수준의 공연을 볼 수 있다면 당구 경기를 관람하러 올 이유가 하나 더 생기지 않을까? 프바걸즈는 무관중인 코로나19 기간 집중적으로 운영했다. 관중석 빈자리를 프바걸즈가 훌륭히 대처했다. 사전 공연, 휴식시간 공연, 경기 중 응원, 초청 가수 백댄서 역할까지 프바걸즈가 프로당구 무대에서 차지하는 비중은 점점 커졌고 전용 구장 개장과 동시에 유관중 시대를 맞은 현재 프바걸즈는 자연스럽게 경기장을 빛내는 주연급으로 부상했다. 프바걸즈라는 명칭은 기존 치어리더에게 새로운 정체성을 부여함으로써 부캐로 얼마든지 활동할 수 있다는 가능성을 열어준 사례이기도 하다. 현재 프바걸즈 팀은 흥행을 위해 유명 치어리더인 안지현을 영입했고 프바걸즈 남성 버전인 프바보이즈도 종종 선보이며 새로운

세상에 없는 당구

재미를 주고자 노력하고 있다. 프바걸즈 팀 색이 담긴 프로당구 타이틀 곡도 제작 중인데 프바걸즈가 직접 녹음에 참여할 예정이다. 스포츠 경기나 스포츠 경기 중 펼쳐지는 공연 모두 그 자체가 가진 한계를 뛰어넘어 독립적으로 유기적으로 조화를 이룰 때 새로운 범주로 진화할 수 있다.

프바걸즈 왼쪽부터 성미지, 추소연, 이하은, 안지현, 임은비, 김세란

프바걸즈가 민족 대명절 설 연휴를 맞아 공연을 펼치고 있다

프바보이즈가 공연을 선보이고 있다

★ 즉흥적, 불확실성이 생동감을 불어 넣는다

경기 전날 크라운해태 마케팅 담당자가 광고 영상을 보냈다. 맛동산 뉴CM송이라고 했다. 광고 파일에 특별한 이상이 없는지 확인하려고 재생 단추를 눌렀다. 별생각 없이 플레이한 파일에서 예상치 못한 힙합 음악이 흘러나왔다. 맛동산 새로운 CM송이란다. 2021년 5월 25일 크라운해태는 맛동산 뉴CM송을 발표했다. 인기 래퍼 그레이GRAY가 편곡한 감성 힙합이다. 들으면 들을수록 중독성 있는 음악이다. 듣자마자 음원 파일을 추출하고 프바걸즈팀에게 안무를 구성할 수 있는지 의뢰했다. 워낙 촉박한 시간이라 "맛동산 먹고~ 즐거운 파티!" 정도만 안무를 딸 수 있겠다는 피드백이 왔다. 안무가 힘든 앞부분에서는 프바걸즈가 맛동산을 현장에서 보여주고 "맛동산 먹고~ 즐거운 파티!"는 안무로 소화했다. 이 과정에서 프바걸즈가 맛동산을 나눠주기 위해 관중석으로 들어갔는데 공연 위주로 활동하던 프바걸즈가 과자를 들고 관중석에 다가가자, 처음에 다소 어색하던 관중도 점차 재밌어했다. 해당 후원사를 위한 이벤트로 즉흥적으로 결정했지만, 이를 지켜본 하나카드가 훗날 자신이 후원하는 대회에 당시 하나은행 SNS모델로 활동 중인 문워크 댄스 커플을 섭외해 즉석공연을 펼칠 정도로 광고주의 관심을 끄는 데 성공했다. '즉

세상에 없는 당구

흥성'은 새로운 아이디어를 개발하는 데 효과적이다.

결국, 즉흥적으로 떠오르는 아이디어는 묵혀 두는 것보다 얼마나 즉각적으로 실행에 옮기느냐가 관건이다. 다소 부족한 아이디어는 실행하면서 고쳐나가면 된다.

★ 여기가 콘서트장이야? 경기장이야?

슈퍼스타K 준우승자 출신 가수 이아윤양이 프로당구 무대에서 공연을 펼치고 있다

"소수의 사람이 미디어나 기사, SNS를 통해 밝은색의 경기복과 치어리더, 신나는 음악 등 PBA 이벤트에 대해서 불만이 많은 것 같다. 나는 경기 자체가 중요하다고 생각한다. 왜 경기 외적인 부분들이 그렇게 중요하다고 생각하는지 잘 모르겠다. 프로라면 팬에 대한 서비스 또한 중요한 부분이라고 생각한다. 그 부분을 이해하지 못한다면 그들은 아마추어일 뿐이다."

*프레드릭 쿠드롱Frederic Caudron

스타벅스는 핼러윈이나 크리스마스와 같은 특별한 기념일을 스타벅스 매장에 잘 활용한다. 매번 방문하는 매장이지만 어딘가 다른 특별함을 느끼는 이유가 여기에 있다. 익숙한 듯 낯선 경험을 바탕으로 차별화에 성공한 스타벅스는 집, 회사 외 제3의 장소로 자신들의 공간을 차별화하는 데 성공했다. 스포츠 경기장 역시 특별한 경험을 제공해야 하는 장소다. 관중이 매 대회 특별함을 느끼기 위해서는 스포츠 경기만으로는 부족하다. 경기장 외부에서 일어나는 보편적인 이슈를 유심히 관찰하고 이를 경기장 내에서 구현할 수 있다면 관중은 스타벅스 매장이 그러하듯 스포츠 경기장에서 특별함을 느낄 수 있을 것이다.

프로당구는 스타벅스와 같은 특별함을 주기 위해 시의성에 맞는 다양한 공연을 기획한다. 당구대회지만 개막전, 설날, 가을, 추석, 크리스마스, 연말 등 시기에 맞는 행사를 기획하고 대회장에서 선보이고자 노력한다. 연말 대표적인 행사로 당구 영신이 있다. 한국프로농구에서 12월 31일 해를 넘기는 경기를 하며 농구 영신이라고 불렀는데 여기서 힌트를 얻어 당구 영신이 탄생했다. 당구 영신은 특별한 공연과 함께 카운트 다운 행사를 진행한다. 2021년에는 드러머 메드 케이가 트렌디한 공연을 펼쳐 화제를 낳았다. 2022년에는 많은 DJ가 클럽 파티 공연을 했다. 해가 넘어가는 타이밍을 맞춰 카운트 다운 영상도 제작했는데 프로당구 무대에서 뛰는 세계 각국 남녀 당구 스타 선수가 해당 국가 언어로 새해 인사를 전했다.

새해를 맞아 프로당구 무대에서 사물놀이패 동락연희단이 공연을 펼치고 있다

지금까지 공휴일이나 기념일과 같은 특정 시기에 발라드, 랩, 트로트, 디제잉, 난타, 대취타대, 사물놀이, 민요 등 다양한 장르의 팀과 특별 공연행사를 기획했다. 스포츠 경기장에서 짧은 시간 동안 꽤 근사한 분위기를 연출할 수 있었던 배경에는 프로당구 연출팀(무대, 음향, 조명, 영상, 특효, 전식, VJ 등)이 과거 유명 가수 콘서트나 공연 쪽에서 일한 경험을 가지고 있었기 때문이다. 코로나19 기간 콘서트와 공연 관련 일거리가 크게 줄어 연출팀 대부분이 프로당구팀에 합류했는데 이들의 노하우를 십분 활용한 것이 프로당구를 더 특별하게 만드는 데 도움이 되었다. 조금 전까지 선수들이 피 튀기게 싸웠던 경기장이 눈 깜짝할 사이 콘서트장으로 변신해 팬들에게 예기치 못한 즐거움을 제공하는 무대가 바로 프로당구 무대다.

★ PRAY FOR ITAEWON

개인적으로는 2022년 기획한 핼러윈 파티가 가장 기억에 남는다. 당시 핼러윈 주간에 대회가 열렸기 때문에 대회장에서 핼러윈 분위기를 즐길 수 있도록 다방면으로 노력했다. 우선, 대회장 주요 동선에 음침한 분위기가 날 수 있도록 조명을 붉은색 계열로 바꾸고 해골, 거미, 유령, 검은 고양이, 잭오랜턴 등 핼러윈 관련 소품을 비치했다. 방송 노출이 원활한 곳에 커다란 마녀를 구입해 천장에 매달아 놓았다. 핼러윈 당일 프로당구 타이틀 스폰서 중 하나인 크라운해태에게 부탁해 크라운해태에서 나오는 다양한 과자와 캔디류를 경기장 곳곳에 비치해 먹거리도 제공할 계획이었다. 휴식 시간 공연을 맡은 프바걸즈에게는 핼러윈에 어울리는 음악과 복장으로 공연 준비를 마쳤다.

할리퀸 분장을 하고 있는 최혜미 선수와 메이크업을 하고 있는 김예은 선수

할리퀸으로 변신한 최혜미 선수

세상에 없는 당구

하비에르 팔라존(좌), 에디 레펜스(우)가 핼로윈 파티를 즐기고 있다

선수들이 핼러윈 파티를 즐기고 있다

　10월 31일 열리는 핼러윈 데이를 맞아 10시 31분, 4시 44분, 00시에 올릴 사전 홍보 영상도 제작했다. 핼러윈 파티에는 디펜딩 챔피언 에디 레펜스와 하비에르 팔라존, 강지은, 최혜미, 김예은, 서한솔 선수가 함께 했다. 선수들은 자신에게 어울리는 핼러윈 코스튬 복장을 하고 촬영에 임했고 핼러윈 호박을 함께 만들며 핼러윈 분위기를 연출했다. 특히, LPBA대표 미녀 최혜미 선수는 할리퀸 분장을 하도록 유도했는데 할리

퀸 분장은 동료 선수인 김예은 선수가 맡았다. 한때 메이크업 아티스트를 꿈꿨던 김예은 선수는 수준급 메이크업 실력을 자랑했다. 할리퀸 분장을 마친 최혜미 선수는 당구 큐를 들고 다양한 포즈를 취하며 흥겹게 촬영을 마쳤다.

즐거운 분위기 속에서 기획한 핼러윈 파티 분위기가 점차 무르익어가고 어느덧 결승전이 다가왔다. 그런데 당일 저녁 SNS를 통해 이태원 참사 관련 소식을 접했다. 너무나 비현실적이고 충격적이어서 어리둥절했고 믿기 힘들었다. 다음 날 아침 긴급회의를 통해 핼러윈 파티를 전격 취소하고 경기장에서 이태원 참사 희생자를 추모하는 시간을 가졌다. 그로부터 시간이 좀 흘렀지만 지금도 여전히 이태원 참사에 대한 트라우마가 있다. 경기를 앞두고 다양한 공연을 기획하는 지금, 이 순간에도 마음 한편에는 "이렇게 즐거워도 되는 걸까?"라는 속삭임이 들리는 듯하다. 이태원 참사로 고통을 겪고 있는 유가족에게 깊은 위로의 뜻을 전한다.

 마블 세계관으로 새로운 세상이 열리다.

세상에 없는 당구

한편의 마블 영화를 떠올릴 수 있는 인트로 영상

파산 위기에 몰린 마블을 위기에서 구해낸 대표적 인물로 케빈 파이기를 꼽는다. 케빈 파이기는 만화책 출판사에 그쳤던 마블을 전 세계가 즐기는 영화사로 탈바꿈시킨 대표적인 인물이다. 현재 케빈 파이기는 마블 세계관의 전체적 그림을 그리고 모든 작품의 스토리와 감독, 배우 등을 결정한다. 마블 영화 특징은 각각의 영화가 동일한 세계관을 공유한다는 데 있다. 캐릭터마다 고유한 이야기를 가지고 있지만 중간중간 이야기가 중첩되며 세계관을 확장해 나가는 방식이다. 마블 영화는 연속성 있는 서사를 이해해야 더 큰 재미를 느낄 수 있다.

프로당구 초기 평창 동계올림픽 노하우 대부분을 프로당구에 접목하기는 했지만, 여전히 무언가 공허했다. 프로당구 출범 이후 다양한 시도를 했지만, 여러 활동이 한데 묶이지 못하고 흩뿌려진다는 느낌을 지울 수 없었다. 무엇이 문제일지에 대한 고민을 거듭하던 중 당시 개봉한 스파이더맨 3 영화를 봤다. 멀티버스라는 개념을 통해 스파이더맨 1편, 2편에 출연한 주인공과 악당을 한데 모아 멋진 조화를 이뤄냈다. 당시 마블은 어벤져스: 엔드게임의 결말에 따라 인피니티 사가를 끝내고 멀티버스 사가로 전환한 시기였다. 우연히 본 마블 영화에서 세계관이 정체성을 찾아주는 길잡이 역할을 한다는 사실을 깨달았다.

이 시기 즈음 마블 세계관에 흥미를 느꼈고 이를 프로당구에 대입해 봤다. 프로당구는 크게 2개 이벤트로 구성되었다. 개인전인 정규투어와 팀전인 팀리그다. 개인전은 매 대회 남자 128명, 여자 128명 선수가 토너먼트 방식으로 대결해 우승자를 가린다. 약 9개월 동안 10개 투어가 열린다. 팀리그는 개인전에서 좋은 성적을 거둔 선수가 팀을 이뤄 경기를 뛰는데 23-24시즌 기준 9개 팀, 61명 선수가 경쟁한다. 약 7개월 동안 5라운드와 포스트시즌으로 구성되었다. 시즌 전체로 보면 개인전과 팀리그를 포함해 한 달에 1~2개 대회가 꾸준히 열리는 셈이다.

프로당구 개인전은 마블 영화로 치면 아이언 맨, 닥터 스트레인지, 스파이더맨, 토르, 헐크 등이 활약하는 독무대로 생각했고 팀전은 '캡틴 아

메리카: 시빌 워', '어벤져스: 엔드게임'처럼 영웅이 팀을 이뤘다는 측면에서 프로당구 팀리그로 대입시켜 봤다. 개인전에서 활동한 영웅들이 한자리에 모였다. 이들은 과연 어떤 대결을 펼칠 것인가? 생각이 여기까지 미치자 경기장을 구성하고 있는 모든 요소를 한데 묶는 작업이 훨씬 수월했다.

먼저 개인전은 각각 대회 특성을 살리기 위해 대표색을 선정했다. 포스터부터 경기장을 구성하는 모든 요소(테이블 천, 레일 천, 바닥 천, 제작물 등)를 후원사를 대표하는 색으로 통일했다. 예를 들자면 하나카드 녹색, 블루원리조트는 푸른색, 웰컴저축은행은 빨간색, 크라운해태는 자주색과 같은 형태다. TS샴푸-푸라닭처럼 후원사가 둘일 경우 TS를 상징하는 연두색과 푸라닭은 상징하는 검은색을 테이블 천과 레일 천색에 각각 반영했다. 이전 당구대회에서는 파란색 테이블 천을 중심으로 제한적으로 별색을 사용했는데 프로당구 대회에서는 대회마다 다양한 색 조합을 과감히 사용함으로써 대회장 분위기에 변화를 주었다.

개인전에는 영웅들의 모험담을 상징하는 장엄한 에픽(Epic. 서사시나 장대한 일) 계열 음악을 배경음으로 활용했다. 팀전에서는 각 팀 경기 스타일을 고려한 팀 음악을 만들어 사용했다. 23-24시즌 기준 팀리그에는 총 9개 팀이 있는데 9개 팀마다 다양한 장르의 음악을 만들어 사용하고 있다. 강렬한 공격력이 강점인 팀은 헤비메탈을, 신생팀은 멜로디가 상큼한 일렉트로 팝을 사용하는 식이다.

선수 소개 시 활용되는 헤드샷(Head shot, 일반적으로 전문 프로필 이미지를 뜻하는데 스포츠 경기에서는 짧은 선수 소개 동영상을 뜻한다)포즈도 선수마다 시그니처 동작을 하나씩 가미해 선수가 가진 매력을 최대한 잘 발산할 수 있도록 유도했다. 헤드샷 촬영이 익숙지 않은 선수들에게는 차유람, 김가영, 스롱 피아비 선수처럼 멋진 포즈를 취하는데 일가견이 있는 선수 헤드샷을 샘플로 보여줬다. 장내 아나운서에게는 개인전이나 팀 간 경기를 앞두고 당구 영웅 간 맞대결을 연상케 하는 멋진 소개 멘트를 부탁했다.

이처럼 프로당구를 마블과 같은 하나의 세계관으로 인식하자 개인전은 개인전대로 팀전은 팀전대로 묘미를 살릴 수 있는 방향성이 잡혔다. 마블 주인공이 각자 세계관에서 주인공이 되고 그 주인공이 함께 또 따로 새로운 드라마를 만들어 내듯 프로당구 역시 관행대로 반복되는 스포츠 이벤트 경기의 틀을 깨고 특별한 이벤트로 거듭나길 기대해 본다.

★ 당구에 치어리더가 웬 말이냐?

지금까지 프로당구 스포츠 프레젠테이션 활동에 대해 살펴봤다. 일부 당구 팬들은 당구판에 처음 보는 광경에 놀라움과 동시에 부정적인 의견을 내놓았다. 특히, 당구대회에 치어리더가 웬 말이냐는 의견이 가장 큰 화두로 떠올랐다. 당구 커뮤니티를 중심으로 당구 본연의 모습을 유지해야 한다는 의견과 당구의 새로운 모습이 나쁘지 않다는 의견이 오갔다. 인류는 새로움에 대한 부정적 본능이 있다. 이를 부정성 편향negativity bias라고 부른다. 잠시 원시시대 인류 모습을 살펴보자. "밀림에서 사람들이 즐겁게 놀고 있다. 그때 숲속에서 부스럭거리는 소리가 났다. 한 부류는 대수롭지 않게 생각하고 계속 놀고 있었고 다른 한 부류는 부스럭거리는 소리가 맹수라고 생각하고 피신했다." 과연 어떤 인류가 생존할 가능성이 높을까? 우리는 모두 생존한 자의 후예다. 인간 뇌는 변연계 특히 편도체가 변화를 위험인자로 인식해서 상황 변화를 일단 피하고 보자는 방식으로 진화했다. 현대 사회에서 인류가 검지 호랑이와 같은 맹수에게 잡아먹힐 가능성은 사라졌지만, 부정성 편향은 여전히 인류에게 커다란 영향력을 미친다. 임상심리학자 로버트 슈워츠Robert Schwartz는 4의 법칙을 통해 인간이 부정적 감정을 긍정적 감정보다 4배 정도 더 많이 느낀다고 했다. 4의 법칙은 정치, 사회, 과학, 스포츠 등 우리 사회 전반에 거쳐 적용할 수 있는데 프로당구가 하는 모든 활동 역시 4의 법칙 영향력하에 있다고 볼 수 있다. 프로당구를 향한 부정적인 시선을 극복하고 긍정적인 감정을 전달하기 위해서는 4배 이상의 노력이 필요하다는 이야기다. 출범 초기 새로운 당구, 세상에 없는 당구를 지향하며 여기까지 달려왔다. 후발 주자로서 새로운 시도에 대한 부정적인 시선에서 벗어날 수 없다는 사실을 받아들이는 데 꽤 긴 시간이 걸렸다. 지금은 프로당구를 둘러싼 부정적인 소식에 빠져 제자리걸음 하기보다는 프로당구 출범으로 미친 긍정적인 효과에 집중할 때다. 당구에 치어리더가 웬 말이냐고? 아직도 많은 사람이 의아해하는 질문 중 하나지만 분명한 건 이들로 인해 경기장 분위기가 한층 활기차고 밝아졌다는 점이다. 프로당구는 아직 당구계 후발주자다. 현실에 안주하지 않고 다양한 시도를 통해 변화를 끌어내기에 적합한 포지션이다. 프로당구가 크고 작은 다양한 시도를 통해 '새로운 당구', '미래 당구의 길'을 제시했으면 한다. 전날의 결과를 오늘의 새로운 눈으로 재평가하는 것만이 세상에 없는 당구가 완성되는 길이다.

★ SNS마케팅

대선 기간을 맞아 프로당구 선수를 활용한 SNS마케팅 홍보물을 게시했다

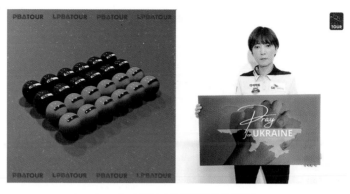

Pray for UKRAINE 캠페인에 동참했다

    21-22시즌 4차전은 SNS마케팅을 본격적으로 실시한 첫 번째 대회다. SNS마케팅 주요 툴로는 인스타그램을 선정했다. 프로당구는 지난 2021년 7월부터 10월까지 대학생 서포터즈 활동을 함께 했다. 이 기간에 프로당구 대학생 서포터즈는 프로당구와 관련한 다양한 아이디어와 의견을 제시하고 이를 실행에 옮겼다. 이 과정에서 대학생들은 젊은이들에게 프로당구를 널리 알리기 위한 수단으로 인스타그램 운영에 대한 필요성을 제안했고 이를 받아들여 지난 2021년 9월부터 공식 인스타그램을 오픈했다. 프로당구 공식 인스타그램은 2030 의견을 반영해 MZ세대가 보는 프로당구를 주제로 운영하고 있다. 경기 외 다양한 비하인드 스토리를 볼 수 있는 것이 특징이다.

세상에 없는 당구

대학생 서포터즈가 프로당구를 소개하는 영상

2024년 1월 기준 인스타그램 팔로우 수는 약 4,600명이다. 메이저 스포츠인 배구가 5.7만여 명, 골프가 5만여 명, 야구가 18.8만 명인 점을 감안하면 한참 모자란 숫자이지만 미래 당구 팬을 잡기 위해 다방면으로 노력해야 할 것이다.

국내 최초 당구 예능 프로그램 '동네 당구'

당구가 묵은 때를 벗고 새롭게 단장하며 세상에 등장하자 과거 당구를 좋아했던 사람들이 하나둘씩 커밍아웃을 선언했다. 특히, 그간 당구 고수로 알려진 연예인들이 당구 콘텐츠 제작에 관심을 가지면서 당구 관련 예능 프로그램 제작 논의가 한창 진행 중이다. 그 결과 2022년 7월 축구 예능프로그램 '뭉쳐야 찬다' 핵심 멤버 김용만, 김성주, 안정환, 정형돈이 의기투합해 국내 최초 당구 예능 프로그램을 선보였다. '국내 최초 노매너 당구'라는 컨셉을 바탕으로 프로당구선수와 한판 대결을 펼쳤다. 강동궁, 조재호, 김가영, 이미래 등 프로당구를 대표하는 선수가 출전했다. 김용만, 김성주, 안정환, 정형돈은 예능프로그램의 재미를 극대화하기 위해 리코더와 부부젤라를 불며 기상천외한 방식으로 방해 공작을 펼쳤는데 시공일관 즐거운 분위기 속에서 촬영을 진행했다.

동네당구에서 김성주와 김용만이 선수들의 경기를 방해하고 있다

이 과정에서 당구에 대한 흥미 유발을 위해 당구가 가진 불건전한 이미지를 의도적으로 부각했는데 예능 프로그램으로 인해 당구에 대한 인식이 오히려 나빠질 수 있다는 일부 시청자들의 질타가 쏟아지기도 했다. 하지만 당구 예능 프로그램을 통해 그간 멀게만 느껴졌던 당구가 대중들에게 더 재미있고 친근하게 다가갈 수 있다는 점에서 긍정적인 효과를 기대할 수 있었다. 스포츠가 꼭 엄격해야만 하고 자신의 한계를 극복해야만 그 존재가치를 증명할 수 있는 게 아니라 스포츠 경기를 통해 함께 어울리고 웃고, 즐기는 과정에서 스포츠가 가진 순기능을 재발견하기를 기대했다. 안정환은 '동네 당구'에 대해 "재미도 있지만 프로 선수들이 직접 알려주셔서 배울 점도 분명히 있다. 교육과 재미가 같이 공존한

다는 점도 알아주셨으면 좋겠다"라며 프로그램에 대한 애정을 보였다.

스포츠 경기가 예능 프로그램과 만나 큰 시너지를 낸 대표적인 사례로 UFC를 들 수 있다. UFC인지도는 2005년 TUF(The Ultimate Fighter)서 바이벌 격투 프로그램이 대박이 나면서 크게 올라갔다. 국내에서는 당구뿐만 아니라 다양한 종목(씨름, 농구, 배드민턴, 여자축구 등)이 예능 프로그램을 통해 재발견되고 있다. 스포츠 예능프로그램의 포문을 연 '날아라 슛돌이(2005)'는 유소년 축구를 소재로 하며 파리 생제르맹에서 뛰고 있는 이강인 선수를 발굴하는 데 한몫했다. 2018년에는 한 유튜브 채널에서 2030세대를 중심으로 재발견 된 씨름을 오디션 형식으로 재탄생시킨 '씨름의 희열(2019)'이 큰 인기를 끌며 대한민국 씨름 열풍에 다시 한번 불을 지폈다. 예능 프로그램만큼 해당 종목이 널리 알려지고 붐을 일으킬 수 있는 수단은 없다. 스포츠 단체 입장에서는 예능 프로그램이 예능 프로그램 하나로 끝나지 않고 유망주 개발 및 스포츠 관람으로까지 이어질 수 있는 연결고리를 지속해서 개발해야 할 것이다.

★ 스포테인먼트는 영원하다

스포츠는 재미있어야 한다. 대회장에 가면 경기 외 즐길 거리가 풍부해야 한다. 전 세계에서 가장 인기 있는 스포츠 '축구'는 오랜전부터 우리 삶 속에 녹아 들었기 때문에 이런 고민에서 비교적 자유롭다. 아버지 손을 잡고 간 축구장에서 아버지 팀이 곧 내가 좋아하는 팀이 되었기 때문이다. 이렇게 축구는 오랜 세월 축구 그 자체만으로도 존재 이유가 충분했다. 삶이 곧 축구, 축구가 곧 삶인 유럽과 남미에서는 축구 경기 외 별다른 엔터테인먼트 요소가 없어도 축구 열기를 이어가는 데 큰 문제가 없었다. 현대 스포츠에서 축구가 엔터테인먼트 요소 도입에 가장 보수적인 이유다. 미국에서는 '축구' 대신 '야구'가 그 역할을 대신하고 있다. 미국에서는 어릴 적 아버지 손에 이끌려 간 장소가 축구장이 아닌 야구장이었다. 야구 역시 같은 방식으로 미국인 삶 속 깊이 파고들어 하나의 문화로 자리 잡았다. 이방인 시선에서 미국프로야구 메이저리그를 직관하다 보면 "어라~ 생각보다 재미없네~, 이게 다야?"라고 느끼곤 하는데 유럽에서 축구가 그러했듯 미국에서 야구는 야구 그 자체만으로도 존재 이유가 충분했기 때문이다.

반면, 80년대 정부 주도하에 강제로 프로화 시대를 맞은 대한민국에서는 프로스포츠 존재 자체로만 흥행을 끌어 나갈 수 없었기 때문에 스포츠 팬을 잡기 위해 다방면으로 노력해야 했다. 대표적으로 한국 프로야구장에서 언제나 볼 수 있는 치어리더, 응원단장, 응원가 등은 야구 본고장 메이저리그에서 찾아보기 힘들다. 특히, 한국프로야구 팀은 모든 타자마다 신나는 응원가와 율동이 있어 관객이 모두 하나가 되어 노래와 율동을 즐길 수 있다는 점이 특징이다. 미국 프로야구는 '응원'보다 '경기'에 집중하는 편이다. 코로나19 이후 한국프로야구에 관심을 가지게 된 일부 미국야구 팬은 이러한 한국응원문화에 놀라움을 표하고 있다. 2024년을 뜨겁게 달군 MLB 월드투어 서울시리즈에 참가한 MLB선수와 감독은 치어리더 공연과 떼창으로 대변되는 K-응원이 신선하고 멋진 경험이라고 말하기도 했다. 하지만 최근 한국프로야구도 이와 같은 흥겨운 분위기 하나만으로 더 이상 새로운 관중을 유입하기 벅찬 분위기다. 결국 어떤 스포츠 단체 건 도태되지 않고 살아남기 위해선 치열한 고민과 새로운 시도를 계속해야 한다.

최근, 축구계에서 시도한 눈에 띄는 사례를 하나 소개하겠다. 2022 카타르 월드컵은 역대 가장 성대한 개막식을 열었다. 6만 명이 운집한 알베이트 스타디움Al Bayt Stadium에서 열린 카타르 월드컵 개막식 주제는 인류 화합이다.

개막식 시작은 카타르 문화를 상징하는 낙타가 등장하며 카타르 전통 의상을 입은 댄서들이 포문을 열었다. 이후 배우 모건 프리먼과 희소병을 이겨낸 카트르 가님 알 무프타가 등장해 전 세계 축구 팬에게 인사를 건넸다. 월드컵 참여 32개국 나라 국기와 유니폼도 등장했는데 32개 모국어로 된 응원 구호와 함께 역대 월드컵 마스코트도 등장했다. 우리나라 대표 응원 구호인 "대한민국~ 짝짝짝짝짝"도 들을 수 있다. 이어 역대 월드컵 공식 주제가가 메들리 형태로 이어졌다. 1998년 프랑스월드컵 주제자로 리키 마틴이 부른 '컵 오브 라이프The Cup of Life'와 2010년 남아공월드컵 주제가로 샤키라가 부른 '와카와카Waka Waka', 2002년 한일월드컵 주제가 '앤섬(Anthem)' 등 노래가 이어지며 흥겨운 분위기를 연출했다. 역대 올림픽 마스코트와 카타르 월드컵 마스코트인 '라이브'가 등장해 월드컵 주제가와 함께 멋진 퍼포먼스를 펼쳤다.

공연 대미는 BTS정국이 장식했다. 정국은 카타르 월드컵 공식 주제가인 드리머스Dreamers를 열창했다. 월드컵 주제가 중간에는 카타르 국민가수 알 쿠바이시가 등장해 합동 공연을 펼쳤다. 피파는 공식 조사 결과 월드컵 개막식 누적 시청자 수가 50억 명을 돌파했다고 전했다. 30분 동안 진행한 이번 월드컵 개막식은 2시간 내외의 올림픽 개막식보다 짧지만, 화려한 퍼포먼스로 전 세계인에게 강렬한 인상을 심어 주었다.

e스포츠 사례도 참고할 만하다. 2023년 5년 만에 대한민국에서 롤드컵(롤드컵, 리그 오브 레전드League of Legends의 약자인 'LOL'에다 월드컵에서 따온 '드컵'을 붙인 합성어)이 열렸다. 롤드컵이 열린 고척스카이돔 1만 8,000석이 10분 만에 매진됐다. 티켓 수익만 40억 원에 이른다. 롤드컵은 대회를 앞두고 오프닝 공연을 한다. 오프닝 공연은 13분간 진행하는데 대형 LED, 폭죽, 조명, 레이저, 파이어, 리프트 등 각종 특수효과를 동원하며 몽환적인 분위기를 연출했다. 이번 롤드컵 오프닝 무대가 특별한 건 K팝 걸그룹 뉴진스가 출연했기 때문이다. 뉴진스는 단순히 출연에 그친 것이 아니라 롤드컵 주제곡인 'GODS'를 불렀다. 뉴진스는 선수들의 치열한 경쟁과 승리의 서사를 담은 'GODS'의 무대를 구현하기 위해 실제 LoL 세계를 공부하며 공연을 준비했다고 한다. 또한, LoL캐릭터에서 영감을 얻은 의상과 액세서리를 직접 제작했다고 한다. 이날 공연이 끝난 직후 '#뉴진스'가 X(구 트위터) 실시간 트렌드에 올라오는 등 이날 결승전 오프

세상에 없는 당구

닝은 결승전만큼 뜨거운 화제를 몰고 왔다. 롤드컵은 e스포츠답게 AR기술을 활용해 가상 아티스트와 게임 속 분위기를 끌어내며 LoL 세계관을 관중에게 잘 전달한다. 롤드컵 결승전 오프닝 쇼는 전 세계 스포츠 경기에서 가장 큰 공연인 슈퍼볼 하프타임쇼와 비교할 수 있을 만큼 e스포츠 업계만의 새로운 문화를 상징적으로 보여준다.

위 사례는 스포츠 경기장에서 스포츠만 관람한다는 고정관념을 깨트린 사례로 향후 전 세계 주요 스포츠 리그에서 경기 전 어떤 활동을 하면 좋을지 참고하는 데 도움이 될 것이다. 경쟁이 살아 숨쉬는 스포츠 특유의 박진감과 더불어 드라마, 영화, 영극, 패션, 공연 분야에서 활용 가능한 요소를 적극 차용해 인간의 원초적인 감정을 자극하는 것이 포인트다.

현재, 대한민국 스포츠는 '똑같은 포맷'으로 '똑같이' 열리는 것이 문제다. 관중들은 매번 비슷한 환경에서 경기를 본다. 경기가 재밌으면 다음에 또 오고 싶은 마음이 들겠지만, 만약 경기가 지루하다면 다음에 또 오고 싶은 마음이 크게 줄어들 것이다. 더 이상 스포츠 경기에만 초점을 맞춰서는 관중 니즈를 해결할 수 없는 시대다. 경기 전중후에 경기 안팎에 변화를 적절하게 섞어 넣어 행사에 긴장감을 불어넣고 변화로부터 오는 반응을 긍정적으로 만들기 위해 꾸준히 노력해야 한다.

지금은 스포츠 경기라는 틀에 얽매이기보다 스포츠를 넘어서 더 큰 재미와 감동을 주는 다양한 콘텐츠를 적극적으로 찾아 나서야 할 때다. 사람들이 스포츠 경기장을 찾는 이유가 단순히 경기를 관람하기 위함이 아닌 인스타그램에 올릴 멋진 사진을 찍고 싶어서, 경기장에서만 맛볼 수 있는 특별한 음식을 먹고 싶어서, 멋지게 차려입은 나의 패션을 뽐내고 싶어서, 신나게 소리치며 스트레스를 해소할 수 있는 환경을 제공해 경기장에 와야만 하는 특별한 이유를 제시해야 한다.

그러기 위해서 각자 분야에서 관중에게 제공할 수 있는 최고 수준의 서비스를 제공할 수 있도록 최선의 노력을 기울여야 한다. 더 이상 스포츠만으로 성장하는 데는 한계가 있다. 언제까지 스포츠 팬만 바라볼 것인가?

당신에게 세상에 없는 그 무엇은
어떤 의미인가요?

프로당구전용구장 시대를 열다 2023년 07월

프로당구 전용구장 외벽 한쪽에는 한국을 대표하는
'그래피티 아티스트' 작가 범민의 'PBA 그래피티'가 새겨져 있다

★ 골프하면 PGA, 당구하면 PBA

프로당구 출범 이후 경기에 대한 몰입감을 높이기 위해 퍼펙트 큐 제
도를 신설했다. 퍼펙트 큐란 한 번의 큐로 해당 세트를 마무리하는 선수
에게 주는 특별상이다. 남자 대회 기준 세트당 15점인데 15점 연속 득점에
성공하면 1천만 원 상금을 준다. 선수가 연속득점에 성공하며 15점에 가
까워질수록 퍼펙트 큐가 나올지도 모른다는 기대감에 자신도 모르게 마
음 졸이며 경기를 보게 된다. 그런데 앞에 어려운 공은 그렇게 잘 쳐놓고
도 결정적인 순간 쉬운 공을 놓치는 경우를 자주 본다. 심리적인 부담감
을 이겨내지 못해서 평소라면 하지 않던 실수를 하게 되는 것이다. 심지
어 한 큐에 많은 득점에 성공했지만 역전당하는 경우를 수 없이 많이 봤다.

프로당구 출범 이후 어느덧 만 5년이라는 시간이 흘렀다. 프로당구 지
난 5년을 점수로 비유하자면 세트제 15점 기준으로 7점~8점 수준까지

온 듯하다. 그동안 아마추어 단체와 갈등, 선수 수급 문제, 전통성 논란, 스폰서 유치, 모회사와 갈등, 코로나19 등 온갖 어려움을 극복하고 이 자리까지 왔다. 짧은 시간 동안 여기까지 성장한 것만 해도 참 대견한 일이 아닐 수 없다. 하지만 지난 작은 성공에 도취하여 "이만하면 됐다" 식의 목소리를 경계해야 할 것이다. 퍼펙트 큐까지는 아니더라도 경기에서 주도권을 빼앗기지 않기 위해서는 새로운 목표를 세우고 이를 달성하기 위한 노력을 게을리하지 말아야 할 시점이다.

현재 프로당구는 대한민국을 넘어 세계를 대표하는 글로벌 투어로 발전하기 위해 노력하고 있다. 영국에서 태어난 골프를 미국 PGA투어가 글로벌 투어로 성장시키는 데 성공한 것처럼 유럽에서 태어난 당구를 한국 PBA투어가 글로벌 투어로 발전시키기 위해 노력하고 있는 셈이다.

그간 프로당구는 한국에서 열렸지만, 스페인 다비드 사파타, 베트남 마민캄, 튀르키예 비롤 위마즈, 캄보디아 스롱 피아비 선수 등이 우승하며 고국에서 당구 영웅 대접을 받았다. 특히, 다비드 사파타 우승 소식은 스페인 일간지 'La Verdad'인터뷰를 통해 대서특필 되며 젊고 유망한 스페인 당구 선수들이 한국 무대로 향하는 계기를 마련했다.

다비드 사파타 우승 소식은 스페인 일간지 'La Verdad'인터뷰를 통해 대서특필 됐다

세상에 없는 당구

편찮은 부모님 앞에서 우승 하겠다고 다짐했던 캄보디아 특급
스롱 피아비가 약속을 지켰다

23-24시즌에는 다니엘 산체스, 세미 사이그너, 무랏 나시 초클루, 루피 채넷, 이충복, 최성원 등 전 세계에서 내로라하는 스타 플레이어가 대거 프로무대에 합류했다. 한국을 주 무대로 성공적으로 안착한 프로당구는 이제 전 세계 당구 선수를 끌어모으며 더 넓은 세상으로 나갈 채비를 마쳤다. 기존 체제에서 인정받으며 안정적인 지위를 누리던 전 세계 당구 스타들이 새로운 무대로 마음을 돌린다는 건 단순히 돈을 많이 벌 수 있기 때문만이 아니라 지난 세월 프로당구가 일으킨 많은 변화로부터 미래 당구에 대한 희망을 봤기 때문이라 생각한다. 선수에게 '돈' 못지않게 중요한 것이 '명분'인데 오랜 시간 침체된 당구계를 변화시키는 데 동참하는 일은 선수에게 가치 있는 일이 되었으리라 생각한다.

포켓볼 선수로 외국에서 오랫동안 활동하며 프로당구 무대까지 접수한 김가영 선수는 "외국 포켓볼 대회는 음악, 조명도 훨씬 화려하다"며 "프로당구에서 3쿠션을 접하면서 이런 밝은 분위기를 정말로 원했다. 선수들이나 팬들이 응원하는데 눈치 보지 않았으면 좋겠고 지금보다 더 밝아져도 좋겠다는 생각이다"고 말했다.

김진아 선수가 관중 응원에 대한 생각을 이야기 하고 있다

김가영 선수와 마찬가지로 포켓볼 선수에서 3쿠션 선수로 전향한 김진아 선수 역시 "요즘 추세가 큰 응원인데 호불호가 갈리더라"며 "응원 소리 때문에 시끄러워서 못 보겠다는 반응이 좀 있었는데, 그런 응원에 (선수들은) 영향을 받지 않는 걸 팬분들이 알아주셨으면 한다. 또 팬분들도 그런 문화를 따라와 주셨으면 한다. 당구도 화려하고 발랄하고 활발한 젊은 스포츠가 됐으면 한다."며 소신을 밝히기도 했다.

프로당구는 김가영, 김진아 선수처럼 "당구가 변했으면 좋겠다."는 당구계 오랜 염원을 담고 있다. 향후 당구계 미래는 선수를 포함한 당구계 구성원 모두가 '새로운 당구'에 대한 갈망이 얼마나 절실한가에 따라 결정될 것이다.

프로당구 도전은 이제 시작이다. 프로당구가 짧은 기간 동안 이뤄낸

세상에 없는 당구

지난 성과는 세상에 없는 당구를 만든다는 자부심으로 선수, 심판, 경기, 방송, 운영 등 구성원 모두가 똘똘 뭉쳐 만들어 낸 결과물이다. 오늘날 프로당구를 있게 한 구성원 모두에게 일일이 확인하지는 못했지만, 프로당구 구성원이라면 훗날 이 시간을 "참 힘들었지만 참 행복한 시간이었다"고 회상할 것이다. 이 자리를 빌려 모두 고생 많았고 고마웠다고 전하고 싶다.

세상에 없는 당구는 성공이 아닌 성장에, 결과가 아닌 과정에 초점을 맞추며 여기까지 왔다. 지금까지 해왔던 것처럼 당구 선수라면 모두가 꿈꾸는 최고의 무대를 만드는 그날까지 함께 고민하고 또 함께 나갔으면 한다. 한큐 한큐 집중력을 잃지 않고 최선을 다하면 어느새 결승전에 올라 챔피언 자리를 넘볼 수 있는 것처럼 프로당구 앞에 놓인 과제를 하나하나 풀어가다 보면 당구가 국민 스포츠 반열에 오르는 일도 결코 꿈만은 아닐 것이다. 지금까지 프로당구 도전기를 살펴봤다. 프로당구 컨셉은 세상에 없는 당구다. 이 세상에 없는 그 무엇이 과연 존재하기는 하는 걸까? 새로운 것에 대한 끝없는 갈망이 프로당구를 이끄는 원동력이다. 이 책을 접한 모두가 세상에 없는 그 무엇을 향한 탐험을 멈추지 않길 기대한다.

이상.

저자소개

대한민국은 스포츠를 좋아하지 않아요~

전 세계 스포츠 이벤트 현장을 돌아다니며 느낀 점입니다.
무엇보다 경기 시작 전부터 경기장 주변에 모여들어 담소를 나누고 경기 시작 시간이 다가왔을 때 기대감에 찬 눈빛과 표정이 부러웠습니다.
공원마다 공을 차고 던지고 뛰어다니는 아이들 모습도 부러웠습니다.

스포츠는 내면의 나를 마주하고 성장과 성취를 느낄 수 있는 훌륭한 수단입니다.
대한민국 모두가 스포츠가 주는 가치를 공유했으면 합니다.
나아가 스포츠와 삶이 하나가 된 이상적인 사회를 꿈꿔 봅니다.

따지고 보면 그 옛날부터 스포츠는 삶 그 자체였습니다.
사냥에 성공해 모닥불을 피워두고 먹거리를 나누며 춤과 노래를 함께 부르는 모습은 인류 DNA속에 살아 숨 쉬고 있습니다. 우리 인류는 운동하고 춤추고 노래하며 과거에도 그랬고 현재도 그러하며 미래에도 삶이 주는 고단한 일상을 견뎌 나갈 것입니다. 스포츠 마케터로서 스포츠를 접한 누구라도 고단한 일상에서 벗어나 행복했으면 합니다. 스포츠만으로는 이러한 행복을 고스란히 전달하기 부족하기 때문에 지금, 이 순간에도 스포츠와 엔터테인먼트를 접목해 평균 이상의 즐거움을 채워주기 위해 노력 중입니다.

저서로는 스포츠 마케팅의 미래(2022)가 있습니다.
이번 책은 스포츠 마케팅 미래의 연장선으로 미래 스포츠 트렌드에 대한 방향을 제시하고 있습니다.

박재민 약력

와우매니지먼트그룹 이사
연세대학교 언론홍보대학원 광고홍보 전공
스포츠 마케팅 20년 차
마케팅 블로그 12년 차
블로그 blog.naver.com/sportspjm

세상에 없는 당구

초판발행	2024년 5월 25일
지은이	박재민
펴낸이	안종만·안상준
편 집	탁종민
기획/마케팅	박세기
표지디자인	이영경
제 작	고철민·조영환
펴낸곳	(주) **박영사**
	서울특별시 금천구 가산디지털2로 53, 210호(가산동, 한라시그마밸리)
	등록 1959.3.11. 제300-1959-1호(倫)
전 화	02)733-6771
f a x	02)736-4818
e-mail	pys@pybook.co.kr
homepage	www.pybook.co.kr
ISBN	979-11-303-1926-1 03320

copyright©박재민, 2024, Printed in Korea

정 가	16,800원